英会話はすべて2文でつながる

会話が弾む **2文1セット法**

IBCパブリッシング

音声無料ダウンロード

本書の「英文を音読しよう！」と、「日本語で考えてから英語にしよう！」の解答例の英語音声（MP3形式）を、下記URLとQRコードから無料でダウンロードすることができます。

www.ibcpub.co.jp/audio_dl/0630/

※PCや端末、アプリの操作・再生方法については、編集部ではお答えすることができません。製造・開発元にお問い合わせいただくか、インターネットの検索サービスなどでお調べください。

装幀　斉藤 啓（ブッダプロダクションズ）

本文デザイン　コントヨコ

編集協力　岡本 茂紀（株式会社オフィスLEPS）、久松 紀子

書籍コーディネート　小山 睦男（インプルーブ）

はじめに
——英語が話せない理由は 単発の文で終わらせるところにあった——

「英語が話せない」と言いながらもこの本に興味を持ってくださっている読者であれば、少なからずこれまで英語には触れてきていることと思います。自分の名前やYes、No、またWhat、Whyなどの疑問詞、This is、That isや1から10までの数字、それ以外にも学んできた英単語くらいは言えることでしょう。同じことを別の言語でやれと言われたら結構な労力です。つまり、英語は知っているのです。「英語ができない」と思い込んでいる人は、「正しくアウトプットができていない」「ネイティブスピーカーと話そうとしてもやりとりがスムーズにいかない」というだけのことです。

言い換えれば、「自分は英語が話せない」と思い込んでいる人は、会話をしようとしても文にならない、会話をしてもやりとりが続かない、会話が弾まないということです。

本書は、そんな人たちの特効薬として執筆したものです。会話において大切なのは、長い文を言うのではなく、「短い文をいくつも言う」ということです。短い文のやりとりを重ねる方がずっと現実的です。

本書は、いま持っていない英語の能力を身につけるためのものではありません。日本語の会話において意識せず自然にやっていることを英語でできるようにする手法が書かれたものなのです。常に考えながら、イメージしながら、学んだことを日々の学習や生活の中でアウトプットする癖をつけてください。この本が、あなたの眠っている言語能力を最大限に引き出します！

もくじ

Pattern 2
1文を発してから、後ろに何かを付け加える 47

Let's speak!

これぞ会話の真骨頂！
――２文１セット法――

★ 2文1セット法とは

2文1セット法って何？ と思われたことでしょう。説明の前に、具体的な会話の例を見ていただく方が話が早いと思います。下の**A**の会話例をご覧ください。カフェでの友人同士の、日本語での会話です。

A

相手：ここのケーキとコーヒーっておいしいね。
あなた：そうだね。
相手：最近休みの日には何してるの？
あなた：英会話勉強してるよ。
相手：へ〜。そうなんだ。楽しい？
あなた：うん、楽しいよ。
（長い沈黙）

会話が一方的でしかありません。相手はあなたにいろいろな質問をしていますが、あなたがぽつぽつと答えているので、ほとんど会話になっていません。慣れ親しんでいる仲間同士ならいいかもしれませんが、コミュニケーションをとろうとする際にはかなり物足りない気がしませんか。

次に、同じ会話ですが、あなたの発言が2文になっています。つまり、「発言に1文プラス」して話している**B**の会話例を見てみましょう。下線部に注目してください。

B

相手：ここのケーキとコーヒーっておいしいね。
あなた：そうだね。また来たいね。
相手：最近休みの日には何してるの？
あなた：英会話勉強してるよ。最近洋楽を聴いていて、少しでも歌詞をわかるようになりたいんだ。
相手：そうなんだ。楽しい？
あなた：うん、楽しいよ。あなたは最近何してるの？

相手の質問に対して、あなたの反応が少し変わりました。一体どこが違うのでしょうか。あなたの発言の下線部は、質問に対して答えたあと、それにまつわる説明や補足を加えたものです。皆さんも日本語で話す際には、無意識に**B**のような会話をしているのではないでしょうか。

つまり、会話例**B**では2文1セットで話しているのです。返答をする際に答えだけではなく、ひとこと加えるだけでこんなにも生き生きとした会話になるのです。

もう一度、**A**と比べてみましょう。自分は一生懸命質問しているのに、会話例**A**の「あなた」のような反応をされたら少し寂しくなりませんか。

日本語で話す時のことを思い出してみましょう。「その服、かわいいね」と言ったあと、「どこで買ったの？」と付け加えたりしていませんか。「ヤッホー。久しぶり」のあと、「元気だった？」と言う会話はこれまで何度もしてきたはずです。「このケーキ、おいしい」のあと、「また来たいね」と、自然に言っていませんか。つまり、日本語では無意識にもうひとこと何か加えている場面がよくあるのです。

ところが、残念ながら、英語となると日本人は途端に、**A**の「あなた」のような返答をしてしまうのです。そんな会話とはもうおさらばしましょう。普段の日本語会話で自然に用いている考え方を英語にも応用し、ひとことだけのコミュニケーションスタイルから脱却しましょう。

会話を広げて話が弾む。2文1セット法で、それが実現できます。

★ 2文目に追加する内容

ここでもう一度、先ほどの会話例**B**を見てみましょう。

B

相手：ここのケーキとコーヒーっておいしいね。
あなた：そうだね。❶また来たいね。
相手：最近休みの日には何してるの？
あなた：英会話勉強してるよ。❷最近洋楽を聴いていて、少しでも歌詞をわかるようになりたいんだ。
相手：そうなんだ。楽しい？
あなた：うん、楽しいよ。❸あなたは最近何してるの？

これを分析してみると、下線部、つまり2文1セットの2文目には下記の内容が追加されています。

❶「また来たいね」という感想を述べています。
❷「最近洋楽を聴いていて、少しでもわかるようになりたいんだ」という近況報告と願望を追加しています。
❸「あなたは最近何してるの？」と相手に質問を投げかけています。

本書の中でほかにも少しずつ紹介していきますが、どれも皆さんが普段日本語で何気なくやっていることですよね。これを常に意識して、自分なりの追加情報を話していけばよいのです。

次に先ほどまでのやりとりを英語で見てみましょう。まずは最初の会話例 **A** を英語にするとこんな感じです（「あなた」を You、「相手」を Tom という設定にします）。

C

Tom: The cake and coffee here taste good.
ここのケーキとコーヒーっておいしいね。
You: Yes.　そうだね。
Tom: What do you do when you're off these days?
最近休みの日には何してるの？
You: I practice speaking English.　英会話勉強してるよ。
Tom: Cool. Is it fun?　そうなんだ。楽しい？
You: Yes.　楽しいよ。

ぽつぽつと文を口に出しているだけですね。英語だとこんな会話になってしまうというのが、多くの人の抱えている悩みです。

ここで、会話例 **B** を英訳した会話例 **D** を見てみましょう。一部は直訳ではなく、英語らしい表現に意訳してあります。

D

Tom: The cake and coffee here taste good.
ここのケーキとコーヒーっておいしいね。

You: Yes. I hope to come here again.　そうだね。また来たいね。

Tom: What do you do when you're off these days?

最近休みの日には何してるの？

You: I practice speaking English. I often listen to English songs these days, and I want to know the meaning of the lyrics.

英会話勉強してるよ。最近洋楽を聴いていて、少しでも歌詞をわかるようになりたいんだ。

Tom: Cool. Is it fun?　そうなんだ。楽しい？

You: Yes. What have you been doing recently?

楽しいよ。あなたは最近何してるの？

どうでしょう？　英語にしてみても、やはり会話が弾んでいる印象がありませんか。「2文1セット」、つまり発言にもう1文加えるだけで、こんなにも印象が変わります。

では、せっかくなのでTom側も「2文1セット」で話してみましょう。Tomのパートで追加した箇所を太字にしています。（会話例**E**：会話の理想）

E

Tom: The cake and coffee here taste good. **This is my first time here.**

ここのケーキとコーヒーっておいしいね。**ここへ来たのは初めてだよ。**

You: Yes. I hope to come here again.

そうだね。また来たいね。

Tom: **I'm curious,** but what do you do when you're off these days?

興味があるんだけど、最近休みの日には何してるの？

You: I practice speaking English. I often listen to English songs these days, and I want to know the meaning of the lyrics.

英会話勉強してるよ。最近洋楽を聴いていて、少しでも歌詞をわかるようになりたいんだ。

Tom: Cool. **When I was small, I studied Japanese, but I don't anymore.** Is it fun?

そうなんだ。**小さい頃日本語の勉強をしてたんだけど、いまはやっていないんだ。**楽しい？

You: Yes. What have you been doing recently?

楽しいよ。あなたはこのところ何してるの？

上記のように、ふたりともが2文セットで話すととても生き生きしたコミュニケーションになります。会話例 **C** と会話例 **E** の骨格は全く同じですが、どう見ても **E** の方が会話らしくなっています。こんな会話が常にできるようになればいいですよね。

E をよく見ると、やっていることはとても単純です。「ひとこと言ったらもうひとこと加える」というただそれだけのことです。本当にたったこれだけのことで、あなたの英会話が見違えるようなコミュニケーションになっていくことでしょう。

★ 日本語の活用で、いまある英語の語彙力を最大限に発揮させる

さて、そうはいっても「そもそも語彙力がない」と思っている人も多いと思います。私はこれまで5万人以上の学生を教えてきましたが、共通する悩みとして「語彙力がない」ことが挙げられます。

もちろん語彙は多いに越したことはありません。しかし、母語である日本語をもう少しうまく使えば、いまある語彙力で十分英語を話すことが可能です。

やり方はとっても簡単。「日本語を一度別の日本語に置き換え、状況を考える」ということです。

例えば「あいつは三日坊主だなあ」を英語でどう言ったらいいか、と悩んだりしませんか？　「三日坊主」が言えないのは英語の語彙力がないからではありません。まず、日本語で考えればよいのです。日本語をそのまま英語にせずに「どんな時に使うか」「小学生にわかるように説明するとしたら何と言うか」という自問自答をしてみます。すると「簡単にやめてしまう」という日本語にでき、そうすれば He tends to quit easily. などと言えます。こんなふうに、日本語で説明するステップを踏むことで、あらゆる表現を英語にできます。いくつか例を挙げておきます。

□「気が進まない」

➡「やりたくない」

➡ I don’t want to do that.

□「自問自答する」

➡「自分自身に（なぜかと）問いかける」

➡ I ask myself why.

□「どういうわけか彼は優しい」

➡「なぜだかわからないけれど彼は優しい」

➡ I don’t know why he is kind.

□「明日はディズニーランドだ！」

➡「明日ディズニーランドに行く」

➡ I’m going to Disneyland tomorrow.

□「意訳する」

➡「文脈に即した意味を説明する」

➡ I explain the meaning that fits the context.

□「彼は空気が読めない」

➡「彼はいつも自分のことしか考えない」

➡ He always thinks only about himself.

どうですか？　なんとなく、やり方がつかめてきたのではないでしょうか？　日本人であれば一番の武器であるはずの日本語を使わない手はありません。英語を英語のまま理解するとか日本語を介在させずに英語を学ぶなど、初級者には無茶な方法がはびこっています。いろいろなメソッドや手法がありますが、実際にはそんなものは必要なく、考え方さえ変えてしまえば実はとっても簡単なのです。

★ 日本語 ➡ 日本語で説明 ➡ 英語にするワーク

さて、ここで練習してみましょう。次の日本語を英語に置き換える前提として、質問に従って日本語で書いてみてください。

❶ お疲れさま！
➡ どんな時に使うか？ ……………………………
➡ ではどう言ったらよいか？ ……………………………

❷ 猫の手も借りたい。
➡ どんな時に使うか？ ……………………………

❸ 私に英語を教えてくれる先生。
➡ ひとことで言うと？ ……………………………

❹ 経済が活性化する。
➡ 何をイメージする？ ……………………………
➡ 人、あるいはお金がどうなっている状態？
……………………………

❺ 彼は空気が読めない人だ。
➡ 別の言葉で言うと？ ……………………………

❻ その先生の授業はわかりやすいね。
➡「わかる」を別の言葉で言うと？ ……………………………

❼ その先生にやる気にさせられて英語を勉強するようになった（受動態を使わずに言う前提で）。
➡ 日本語で能動態（受動態の逆）で書いてみると？
……………………………

❽ その町は人であふれかえっていた。
➡ つまり、町はどういう状態だった？ ……………………………

❾ 俺の家は海の近くにあってさ、その海がめっちゃきれいなんだ。

➡ 家と海の距離や、海の状態をイメージしてシンプルに言うと？

……………………………………………………

❿ つまらないものですが、どうぞ。

➡ 日本人の決まり文句だが、心の中でどう思っている？　受け取った相手にどう思ってほしい？ ……………………………………

⓫ （あなたにも）念のために名刺を渡しておきますね。～さんによろしくお伝えください。

➡ どんな状況で言う？　相手は誰？ ……………………………………………………

……………………

⓬ 英語を勉強したからって、必ずしも成功するわけではないのだから、むしろ思考力を高めた方がいいんじゃない？

➡ 2文に区切ってみると？ ……………………………………………………

……………………………………………………

⓭ あんまり難しく考えなくていいよ。

➡「難しく考えない」とはどういうこと？ ……………………………………

⓮ 次の電車に間に合うといいなー。

➡ つまりどうしたいのか？ ……………………………………

⓯ いまは日本食の気分じゃないなー。ちょっと考えさせて。

➡「気分じゃない」とはどういうこと？　相手に伝えたいメッセージは何？

……………………………………………………

⓰ とりあえず、ビールでしょ！

➡ いま何をしたい？ ……………………………………

⓱ やっぱりそうか！

➡ 言い換えると？ ……………………………………

⓲ 日本に生まれてよかった。

➡「よかった」を別の言葉で言い換えると？

……………………………………………

⓳（お店で）それよく売れているの？

➡「よく売れる」の「よく」は、「良い悪い」の「良い」ではない。では何か？

……………………………………………

⓴ 日本は治安がいい。

➡ 主語を「人」にして言い換えると？……………………………………

では、私なりの説明を書いておきます。こんなふうにイメージを広げていくという一例としてご覧ください。

❶ お疲れさま！

➡ どんな時に使うか？

退社時や、部下や同僚をねぎらう時に。

➡ ではどう言ったらよいか？

よくやったね！

❷ 猫の手も借りたい。

➡ どんな時に使うか？

とにかく忙しい時に。

❸ 私に英語を教えてくれる先生。

➡ ひとことで言うと？

英語の先生。

❹ 経済が活性化する。

➡ 何をイメージする？

人がたくさんお金を使っている様子。

➡ 人、あるいはお金がどうなっている状態？

お金が人の間を回っている状態。

❺ 彼は空気が読めない人だ。

➡ 別の言葉で言うと？

　彼は自分勝手だ。

❻ その先生の授業はわかりやすいね。

➡「わかる」を別の言葉で言うと？

　理解する。

❼ その先生にやる気にさせられて英語を勉強するようになった（受動態を使わずに言う前提で）。

➡ 日本語で能動態（受動態の逆）で書いてみると？

　その先生がやる気にさせてくれて勉強するようになった。

❽ その町は人であふれかえっていた。

➡ つまり、町はどういう状態だった？

　人が多い状態。

❾ 俺の家は海の近くにあってさ、その海がめっちゃきれいなんだ。

➡ 家と海の距離や、海の状態をイメージしてシンプルに言うと？

　俺はとてもきれいな海の近くに住んでいるんだ。

❿ つまらないものですが、どうぞ。

➡ 日本人の決まり文句だが、心の中でどう思っている？　受け取った相手にどう思ってほしい？

　あなたのためのものです。気に入ってくれたらいいなあ。

⓫ （あなたにも）念のために名刺を渡しておきますね。～さんによろしくお伝えください。

➡ どんな状況で言う？　相手は誰？

　訪ねていった担当者が不在だったので、そこで代わりに応対してくれた人に名刺を渡している状況。

⑫ 英語を勉強したからって、必ずしも成功するわけではないのだから、むしろ思考力を高めた方がいいんじゃない？

➡ 2文に区切ってみると？

英語を勉強しても、常に成功につながるわけじゃない。その代わり、考える力をもっと高めるべきだと思うんだ。

⑬ あんまり難しく考えなくていいよ。

➡「難しく考えない」とはどういうこと？

気楽にね。

⑭ 次の電車に間に合うといいなー。

➡ つまりどうしたいのか？

次の電車に乗りたい。

⑮ いまは日本食の気分じゃないなー。ちょっと考えさせて。

➡「気分じゃない」とはどういうこと？　相手に伝えたいメッセージは何？

日本食を食べたくない。

⑯ とりあえず、ビールでしょ！

➡ いま何をしたい？

ビールを飲みたい。

⑰ やっぱりそうか！

➡ 言い換えると？

思ったとおりだ！

⑱ 日本に生まれてよかった。

➡「よかった」を別の言葉で言い換えると？

幸せだ。

⑲（お店で）それよく売れているの？

➡「よく売れる」の「よく」は、「良い悪い」の「良い」ではない。では何か？

うまく、十分に、多く

⓴ 日本は治安がいい。

➡ 主語を「人」にして言い換えると？

あなたは日本で安全に暮らせる。

日本語を十分にそしゃくしたところで、英語にしてみましょう。

❶ お疲れさま！

➡ 退社時や、部下や同僚をねぎらう時に使う。

....

❷ 猫の手も借りたい。

➡ とにかく忙しい。

....

❸ 私に英語を教えてくれる先生。

➡ 英語の先生。

....

❹ 経済が活性化する。

➡ 人がたくさんお金を使っている。

....

❺ 彼は空気が読めない人だ。

➡ 彼は自分勝手だ。

....

❻ その先生の授業はわかりやすいね。

➡ その先生の授業は理解しやすい。

....

❼ その先生にやる気にさせられて英語を勉強するようになった（受動態を使わずに言う前提で）。

➡ その先生がやる気にさせてくれて勉強するようになった。

…………………………………………………….

❽ その町は人であふれかえっていた。

➡ 町には人が多かった。

…………………………………………………….

❾ 俺の家は海の近くにあってさ、その海がめっちゃきれいなんだ。

➡ 俺はとてもきれいな海の近くに住んでいるんだ。

…………………………………………………….

❿ つまらないものですが、どうぞ。

➡ あなたのためのものです。気に入ってくれたらいいなあ。

…………………………………………………….

⓫（あなたにも）念のために名刺を渡しておきますね。～さんによろしくお伝えください。

➡ 担当者の代わりに応対してくれた人に名刺を渡し、「～さんによろしくお伝えください」と言っている。

…………………………………………………….

⓬ 英語を勉強したからって、必ずしも成功するわけではないのだから、むしろ思考力を高めた方がいいんじゃない？

➡ 英語を勉強しても、常に成功につながるわけじゃない。その代わり、考える力をもっと高めるべきだと思うんだ。

……………………………………………………. …………………………………

…………………………………….

⓭ あんまり難しく考えなくていいよ。

➡ 気楽にね。

…………………………………………………….

⓮ 次の電車に間に合うといいなー。

➡ 次の電車に乗りたい。

………………………………………………………………………………….

⓯ いまは日本食の気分じゃないなー。ちょっと考えさせて。

➡ 日本食を食べたくない。

………………………………………………………………………………….

⓰ とりあえず、ビールでしょ！

➡ ビールを飲もうよ！

………………………………………………………………………………….

⓱ やっぱりそうか！

➡ 思ったとおりだ！

………………………………………………………………………………….

⓲ 日本に生まれてよかった。

➡ 日本に生まれて幸せだ。

………………………………………………………………………………….

⓳ （お店で）それよく売れているの？

➡ それはたくさん売れているの？

………………………………………………………………………………….

⓴ 日本は治安がいい。

➡ あなたは日本で安全に暮らせる。

………………………………………………………………………………….

さて、では解答例として私の英文を紹介します。ほかの言い方もありますので、あくまで参考程度にご覧ください。簡単な解説も加えておきます。

❶ お疲れさま！

See you. / Good job.

あいさつ、ねぎらいの言葉として使うことがわかれば、こうした表現が出てくるでしょう。

❷ 猫の手も借りたい。

I'm very busy. / It's hectic.

忙しいのですから busyの１語で十分です。I want to borrow a cat's hand. などの直訳では意味が通じません。

❸ 私に英語を教えてくれる先生。

my English teacher

これだけでよいのです。関係代名詞を使って、the teacher who teaches me English とすることも可能ですが、ひとことで言えることにわざわざ関係詞を使うのはくどいので、シンプルに表現しましょう。

❹ 経済が活性化する。

People begin to spend a lot of money.

経済の活性化と聞くと、人によってイメージすることは違います。「経済が活性化する」を直訳すると The economy will be activated. のようになりますが、こう聞いても人によって浮かべるイメージが異なるので、この本のコンセプトである２文１セットなどの方法を使って、共通の認識を生み出すことで、そごが生じなくなります。

❺ 彼は空気が読めない人だ。

He's selfish. / He always thinks only about himself.

２分目は、自分勝手というのはどういうことなのかを１文目とは違う視点から説明しています。

❻ その先生の授業はわかりやすいね。

The teacher's class is easy to follow. / Everyone can understand the teacher's class easily.

「理解しやすい」と日本語にできればunderstandに行き着くのは難しくありません。しかし、be easy to do「～しやすい」を使えばもっと簡単にできます。easyを対義語のdifficultに変えて、be difficult to do「～しづらい」という表現と併せてぜひとも押さえておきたいところです。日本語だとひとことで済むことを、あえて内容を膨らませて説明するのもひとつの手です。

❼ その先生にやる気にさせられて英語を勉強するようになった（受動態を使わずに）。

The teacher inspired me and I started to study English.

「先生が鼓舞してくれて、私は英語を勉強するようになった」としました。こういう言い方ができると、一気に英語らしくなります。

❽ その町は人であふれかえっていた。

There were many people in the town. / The town was crowded with many people.

日本語の表現に惑わされず、映像化して考えると取り組みやすくなります。「町には人が多い」というメッセージを伝えればよいのです。

❾ 俺の家は海の近くにあってさ、その海がきれいなんだ。

I live near a beautiful sea.

こちらも日本語の表現に惑わされず、映像化して考えるといいでしょう。

❿ つまらないものですが、どうぞ。

This is for you. / I hope you like it.

人に物を渡す時の表現です。日本語特有の「つまらないものですが」という表現は、英語にする時には別の表現に置き換えましょう。言語を学ぶ時には、その言語の話者の文化や考え方を知っておくことも大切です。

⑪（あなたにも）念のために名刺を渡しておきますね。～さんによろしくお伝えください。

Let me give you my business card just in case. Please say hello to ～.

say hello to～は決まり文句です。

⑫ 英語を勉強したからって、必ずしも成功するわけではないのだから、むしろ思考力を高めた方がいいんじゃない？

Studying English hard doesn't always lead to success. Instead, I think you should develop your intellect.

短めの文に分けて、コアなメッセージを伝えるようにしましょう。「～じゃない？」という表現はI think ～や、～ right?、Don't you think so?などでも代用できます。

⑬ あんまり難しく考えなくていいよ。

Take it easy. / Don't take it too seriously.

ここでのtakeは「捉える」という程度の意味です。

⑭ 次の電車に間に合うといいなー。

I hope to catch the next train.

日本語にはいろいろな語尾がありますが、ここで言いたいのは「次の電車に乗りたい」ということです。常にコアのメッセージを伝えましょう。

⑮ いまは日本食の気分じゃないなー。ちょっと考えさせて。

I'm not in the mood for Japanese food right now. Let me think. / I don't want to eat Japanese food right now. Let me think.

「日本食を食べたくない」というメッセージを伝えましょう。

be in the mood for ～「～の気分だ」は覚えておきたい表現です。

⑯ とりあえず、ビールでしょ！

First, let's have a beer!

「ビールを飲もう」というニュアンスが伝われば十分です。

⓱ やっぱりそうか！

Just as I thought. / I was right.

⓲ 日本に生まれてよかった。

I'm happy I was born in Japan.

⓳（お店で）それよく売れているの？

Is it selling well? / Is it popular?

「多く、十分に」は well。S sells で「Sが売れる」という意味です。

⓴ 日本は治安がいい。

You can live safely in Japan.

Japan is safe. でももちろん問題ありませんが、英語にしづらい表現は、主語を You などの人にすることによって解決できるかもしれません。

同じ発想で、レストランやスーパーで「～はありますか」と聞く場合、Do you have ～？と言うこともできます。

ひとりでできるスピーキング学習法

「外国人の友人がいないから会話練習ができない」、「英語を話せる環境がない」とこぼして、会話練習を諦めていませんか？

なんともったいない。最も身近な会話の相手を忘れていないでしょうか。それは「あなた自身」です。人は無意識に自分自身と対話しています。「お昼ご飯は何にしようか」、「昨日行ったお店はとってもすてきだった」、「仕事をしすぎて疲れた」、「週末は何をしようかな」などと、考えているはずです。

それを意図的に英語にしていけばいいのです。表現がわからなければ、電子辞書やWeblioなどのインターネット辞書で調べましょう。ノートに記録していけば立派な会話集になります。

「会話」は自発的行為そのものであり、参考書や教科書で学ぶような受動的なやり方では絶対に上達しません。自分は「何を言いたいのか」、「どんなことを英語で伝えたいか」を日々考え、調べ、記録していくことで、どんな教材を使うよりもスキルアップしていきます。

本書の内容や目に見えるものを瞬時に英語にしていくなど、「英語にすべきこと」はいくらでもあります。このやり方ならば遠慮することも、人の目をはばかる必要もありません。実は本書にも、「自問自答」の例文や表現を多数盛り込んであるので、ぜひ実践しましょう。

「間違っているかもしれない」と思っても、実際にどこかで使って違和感を持たれれば、相手は指摘してくれるでしょう。機会があれば誰かに尋ねてみてもいいでしょう。ともかく、できうる限り、「ひとりアウトプット」をしていきましょう。

Let's speak!

Pattern 1

決まり文句で前置きをしてから、1文を続ける

まずは、決まり文句があって、
それに続けてプラス1文を言う練習です

さて、ここまでのワークで、
皆さんは日本語のそしゃくに慣れてきた頃と思います。
ここからは、2文1セット法に基づいて、
皆さんそれぞれが自分の言葉でワークをやってみましょう。
方法はおおむね次のとおりです。

1. 例文を音読する。
2. 下線部に日本語を書いてみる。
3. 英語にしてみる。

いったん日本語にするプロセスをはさんでいるので、
難しくはありません。まずはやってみましょう。

「2文1セット」ワークの進め方

p. 30から、2文1セットの練習を進めていきます。見開き2ページごとに1つのパターンを練習します。各見開きは以下のような構成になっており、❶から順に読み、必要に応じて声を出しながら、最後の❺「日本語で考えてから英語にしよう！」で2文1セットの英文を作ってみてください。なお、❺の解答例はp. 122以降にあります。

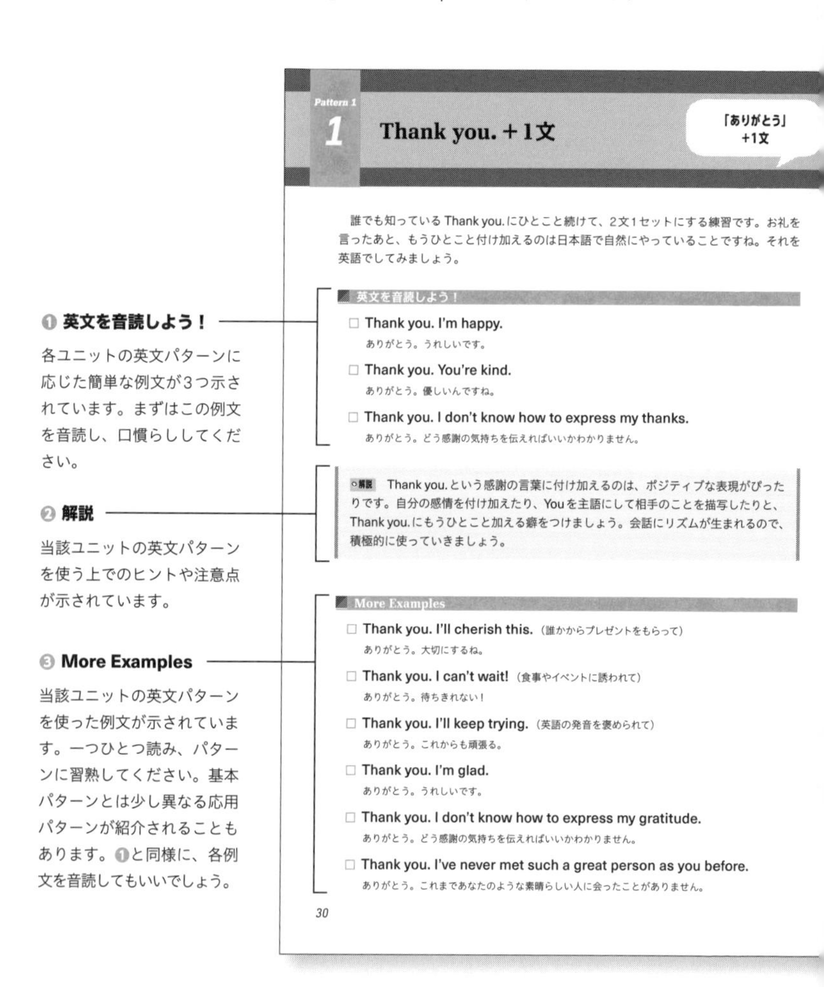

Pattern 1

1 Thank you. ＋1文

「ありがとう」＋1文

誰でも知っているThank you.にひとこと続けて、2文1セットにする練習です。お礼を言ったあと、もうひとこと付け加えるのは日本語で自然にやっていることですね。それを英語でしてみましょう。

英文を音読しよう！

□ Thank you. I'm happy.
ありがとう。うれしいです。

□ Thank you. You're kind.
ありがとう。優しいんですね。

□ Thank you. I don't know how to express my thanks.
ありがとう。どう感謝の気持ちを伝えればいいかわかりません。

解説 Thank you.という感謝の言葉に付け加えるのは、ポジティブな表現がぴったりです。自分の感情を付け加えたり、Youを主語にして相手のことを描写したりと、Thank you.にもうひとこと加える癖をつけましょう。会話にリズムが生まれるので、積極的に使っていきましょう。

More Examples

□ Thank you. I'll cherish this.（誰かからプレゼントをもらって）
ありがとう。大切にするね。

□ Thank you. I can't wait!（食事やイベントに誘われて）
ありがとう。待ちきれない！

□ Thank you. I'll keep trying.（英語の発音を褒められて）
ありがとう。これからも頑張る。

□ Thank you. I'm glad.
ありがとう。うれしいです。

□ Thank you. I don't know how to express my gratitude.
ありがとう。どう感謝の気持ちを伝えればいいかわかりません。

□ Thank you. I've never met such a great person as you before.
ありがとう。これまであなたのような素晴らしい人に会ったことがありません。

30

□ Thank you. Let me treat you to lunch.
ありがとう。ランチをごちそうさせてください。

Idea Box

□ うれしい　happy / pleased / glad
□ 優しい　kind / good / nice
□ 感謝　gratitude
□ 素晴らしい　great / wonderful
□ 私に〜させてください　Let me 〜.
□ あなたにランチをおごる　treat you to lunch

日本語で考えてから英語にしよう！

1. Thank you ＋ いまの気持ちを言う

○まず日本語で！　相手にお礼を言ったあと、いまの気持ちを伝えよう！ ……………

○英語にしよう！　Thank you. I'm ……….

2. Thank you ＋ 相手を褒める

○まず日本語で！　相手にお礼を言ったあと、相手を褒めよう！ ……………

○英語にしよう！　Thank you. You're ……….

3. Thank you ＋ どのように感謝したらよいかわからないと言う

日本語でも、相手にお礼を言ったあと、どのように感謝したらよいかわからないと言いますよね。

○それを英語にしてみよう！　Thank you. I don't know how to ……….

4. Thank you ＋ 相手にお礼がしたいと言う

○まず日本語で！　相手にお礼を言ったあと、お礼として何かしたい時は何と言う？
……………

○英語にしよう！　Thank you. Let me ……….

Pattern 1　31

④ Idea Box

⑤で英文を作る時にキーワード、キーフレーズとして使えそうな語句が例示されています。文の形で例が示される場合もあります。これらをヒントにして英文を作ってみましょう。また、リストアップされた語句の類義語や類似表現を自分で調べて、英文作りに役立ててもいいでしょう。

⑤ 日本語で考えてから英語にしよう！

いよいよ2文1セットで英文を作る練習です。①〜④の情報を上手に生かして、独自の英文を作ってみましょう。

Pattern 1

1 Thank you. + 1文

「ありがとう」
+1文

誰でも知っているThank you.にひとこと続けて、2文1セットにする練習です。お礼を言ったあと、もうひとこと付け加えるのは日本語で自然にやっていることですね。それを英語でしてみましょう。

英文を音読しよう！

☐ **Thank you. I'm happy.**
ありがとう。うれしいです。

☐ **Thank you. You're kind.**
ありがとう。優しいんですね。

☐ **Thank you. I don't know how to express my thanks.**
ありがとう。どう感謝の気持ちを伝えればいいかわかりません。

○解説　Thank you.という感謝の言葉に付け加えるのは、ポジティブな表現がぴったりです。自分の感情を付け加えたり、Youを主語にして相手のことを描写したりと、Thank you.にもうひとこと加える癖をつけましょう。会話にリズムが生まれるので、積極的に使っていきましょう。

More Examples

☐ **Thank you. I'll cherish this.**（誰かからプレゼントをもらって）
ありがとう。大切にするね。

☐ **Thank you. I can't wait!**（食事やイベントに誘われて）
ありがとう。待ちきれない！

☐ **Thank you. I'll keep trying.**（英語の発音を褒められて）
ありがとう。これからも頑張る。

☐ **Thank you. I'm glad.**
ありがとう。うれしいです。

☐ **Thank you. I don't know how to express my gratitude.**
ありがとう。どう感謝の気持ちを伝えればいいかわかりません。

☐ **Thank you. I've never met such a great person as you before.**
ありがとう。これまであなたのような素晴らしい人に会ったことがありません。

☐ **Thank you. Let me treat you to lunch.**

ありがとう。ランチをごちそうさせてください。

Idea Box

☐ うれしい　happy / pleased / glad
☐ 優しい　kind / good / nice
☐ 感謝　gratitude
☐ 素晴らしい　great / wonderful
☐ 私に～させてください　Let me ～.
☐ あなたにランチをおごる　treat you to lunch

日本語で考えてから英語にしよう！

1. Thank you ＋ いまの気持ちを言う

○まず日本語で! 相手にお礼を言ったあと、いまの気持ちを伝えよう！ ....

○英語にしよう! Thank you. I'm ....

2. Thank you ＋ 相手を褒める

○まず日本語で! 相手にお礼を言ったあと、相手を褒めよう！ ....

○英語にしよう! Thank you. You're ....

3. Thank you ＋ どのように感謝したらよいかわからないと言う

日本語でも、相手にお礼を言ったあと、どのように感謝したらよいかわからないと言いますよね。

○それを英語にしてみよう! Thank you. I don't know how to ....

4. Thank you ＋ 相手にお礼がしたいと言う

○まず日本語で! 相手にお礼を言ったあと、お礼として何かしたい時は何と言う？

....

○英語にしよう! Thank you. Let me ....

Pattern 1

2 I'm sorry. ＋1文

「ごめんなさい」
+1文

今度は謝る場面です。「ごめんなさい」と言ってから、反省の言葉を続けたり、「本当にすみません」と言い直したり、事情を説明することはよくありますよね。英語でも同じです。I am sorry. にひとこと続けて、2文1セットで言う練習をしましょう。

英文を音読しよう！

□ **I'm sorry. I won't do it again.**

ごめんなさい。もうしません。

□ **I'm sorry. Please forgive me.**

ごめんなさい。許してください。

□ **I'm sorry. What should I do?**

ごめんなさい。どうしたらいいでしょうか？

○解説　「ごめんなさい。今後気をつけます」という言葉は、誰もが一度は言ったり聞いたりしたことがあるのではないでしょうか。日本語でも単に「ごめんなさい」だけで会話が終わることはないかと思います。I regret doing that.（後悔しています）や、It was not my fault.（自分のせいではありませんでした）と言ってみたりなど、たくさんのパターンがあると思います。

あとのワークでやりますが、I'm sorry. I really apologize.（ごめんなさい。本当に申し訳ないです）のように、2文続けて違う表現で謝罪することも可能です。しっかり謝ることはコミュニケーションを円滑に進めるのにとても重要です。

More Examples

□ **I'm sorry. I was late.**（遅刻して）

ごめんなさい。遅刻してしまって。

□ **I'm sorry. I should have been more careful.**（仕事でミスをしてしまって）

ごめんなさい。もっと注意すべきでした。

※〈should have＋過去分詞〉は「～すべきなのにしなかった」という意味で、後悔を伝える時に使う表現。

□ **I'm sorry. I was careless.**（人とぶつかって）

ごめんなさい。不注意でした。

☐ **I'm sorry. I'll take care not to do it next time.**

ごめんなさい。次はしないよう気をつけます。

☐ **I'm sorry. Can you forgive me?**

ごめんなさい。許してもらえますか？

☐ **I'm sorry. What's the best thing for me to do now?**

ごめんなさい。いま私はどうするのが一番いいでしょうか？

☐ **I'm sorry, but it was an emergency.**

ごめんなさい。緊急だったので。

Idea Box

☐ 気をつける　be careful
☐ 許す　forgive / excuse / pardon
☐ どうしたらいいですか？　What should I do?
☐ 緊急事態　an emergency
☐ 説明させてもらってもいいですか？　Can I try to explain?

日本語で考えてから英語にしよう！

1. I'm sorry. + 反省の言葉を言う

○まず日本語で！　謝ったあと、反省の気持ちを伝えよう！ ....

○英語にしよう！　I'm sorry. I will ....

2. I'm sorry. + 許しを請う

○まず日本語で！　謝ったあと、許してほしい時に何と言う？ ....

○英語にしよう！　I'm sorry. ....

3. I'm sorry. + どうしたらよいかわからないと言う

お礼と同じように、日本語でも、相手に謝ったあと、どのように償ったらよいかわからないと言いますよね。

○それを英語にしてみよう！　I'm sorry. What ....?

4. I'm sorry. + 事情を説明する

○まず日本語で！　謝ったあと、事情を説明したい時もあるはず。何と言う？

....

○英語にしよう！　I'm sorry, but I ....

Pattern 1

3 To be honest, ＋1文（言いづらいこと）

「正直に言うと」
+1文

嫌いな食べ物を断ったり、苦情を言ったりするなど、言いづらいことを言わねばならない時には気が重いものです。まして英語であれば、どう切り出していいかわからない人も多いことでしょう。でも、大丈夫です。2文1セットで、その前にひとこと付け加えればよいのです。

英文を音読しよう！

□ **To be honest, I don't like this food.**
正直に言うと、この食べ物好きじゃないです。

□ **To be honest, I hate this music.**
正直に言うと、この音楽嫌いなんです。

□ **To be honest, I'm afraid of dogs.**
正直に言うと、イヌが怖いんです。

○解説　言いづらいことは、日本語であっても伝えるのに勇気が要ります。英語ならなおさらですね。けれども、必要以上に強くそのメッセージが伝わってしまうこともあるのです。To be honest, I would like another option.（正直に言うと、ほかの選択肢が欲しい）や To be honest, I think that you're behaving impolitely.（正直に言うと、あなたの行動は失礼に思える）のように、To be honestの前置きをつけるだけで、相手に伝わる印象がぐっと柔らかくなります。

More Examples

□ **To be honest, I hate this kind of book.**
正直に言うと、この種の本は嫌いなんです。

□ **To be honest, you're a bit noisy.**
正直に言うと、少しうるさいです。

□ **The movie is not so bad, but to be honest, the other one seems better.**
その映画は悪くはありませんが、正直に言うと、もう一作の方がいい気がします。

□ **To be honest, I think you can do better than he does.**
正直に言うと、あなたは彼よりもうまくできる気がします。

□ **To be honest, he will be afraid to try that.**

正直に言うと、彼はそのことに挑戦するのを怖がるでしょう。

□ **To be honest, I can't accept your offer.**

正直に言うと、あなたの提案を受け入れることはできません。

□ **To be honest, your way of thinking seems childish.**

正直に言うと、あなたの考え方は子どもっぽいように思います。

※同じように使える表現として、To tell the truth、Frankly speaking、Honestly speaking、I'm sorry to say this, but…といったものもあり、覚えておくと便利です。

Idea Box

□ ～すること　to *do* / *do*ing
例）勉強すること to study / studying
走ること to run / running

□ 失礼な　rude / impolite

□ 的外れだ　miss the point

□ 不明瞭な　unclear

□ 間違っている　wrong

□ そんな気分じゃない　I'm not in the mood for that.

日本語で考えてから英語にしよう！

1. To be honest, ＋ 何かが嫌いだと言う

まず日本語で!　嫌いなものは？ ....

英語にしよう!　To be honest, I don't like ....

2. To be honest, ＋ 苦情を言う

まず日本語で!　どんな苦情を抱えている？ ....

英語にしよう!　To be honest, I ....

3. To be honest, ＋ 正直な意見を言う

まず日本語で!　相手の意見をどう思う？ ....

英語にしよう!　To be honest, ...

4. To be honest, ＋ 事情を率直に言う

まず日本語で!　なぜ、いまこの行動をとるのか？ ....

英語にしよう!　To be honest, ...

Pattern 1
4 You know what? ＋1文（ポジティブなこと）

「ねぇねぇ、知ってる?」
+1文

「ねぇねぇ、知ってる?」と言ってから、何かのニュースを伝える表現です。You know what,を発言の前につけるだけです。練習してみましょう。

英文を音読しよう！

□ **You know what? I passed the qualification exam.**
聞いてよ、資格試験に受かったんだ。

□ **You know what? Sonia is going to quit the company.**
知ってるかい、ソーニャが会社を辞めるんだ。

□ **You know what? You're going to get promoted.**
知ってますか、君は昇進するんだよ。

○解説　日本語で言うと「あのさ」というイメージです。わくわくする話の前にこれを言うことで、いきなり本題に入るよりも、相手にしっかり聞いてもらえる可能性が高まります。このような前置きの言葉を知っておけば、より適切に相手にメッセージを伝えることができます。

You know what,に慣れてきたら、I'm happy to say this.、I think you'll be surprised to hear this.、Let me share some good news with you.など自分なりにアレンジしていってもよいでしょう。

More Examples

□ **You know what? I got a new job.**
聞いてください、新しい仕事に就きました。

□ **You know what? Dennis and Alice are going to get married.**
知ってますか、デニスとアリスが結婚するんです。

□ **You know what? You will get another chance to attend the event.**
知ってるかい、イベントに参加する別の新しいチャンスをもらえるよ。

□ **You know what? Greg got a promotion.**
知ってますか、グレッグが昇進しました。

□ **You know what? Florence is going to visit us from America.**
知ってますか、フローレンスがアメリカから私たちに会いに来ます。

Idea Box

- □ 新しいことを考えている。 I'm thinking about something new.
- □ いい知らせがある。 I have good news.
- □ トムが結婚する。 Tom is going to get married.
- □ あの人に会える。 You can meet that guy.
- □ 新しい取引システムが導入される。 A new transaction system will be installed.
- □ 新入社員 a new employee
- □ ばったり会う bump into
- □ 旧友 an old friend
- □ 自分たちのビジネスを拡大する expand our business

日本語で考えてから英語にしよう！

1. You know what, ＋ 自分のことを言う

○まず日本語で! 自分のことで相手に伝えたいニュースは？ ....

○英語にしよう! You know what? I ....

2. You know what, ＋ 特定の人・もののことを言う

○まず日本語で! 誰・何について伝えたい？ .... 内容は？ ....

○英語にしよう! You know what? ....

3. You know what, ＋ 相手のことを言う

○まず日本語で! 相手のことで伝えたいニュースは？ ....

○英語にしよう! You know what? You ....

4. You know what, ＋ 良いもの、知らせたいことを言う

○まず日本語で! 相手に伝えたい良いニュースは？ .... 内容は？ ....

○英語にしよう! You know what? ....

Pattern 1
5 Excuse me. + 1文

「すみません」
+1文

これもおなじみ、Excuse me. に続ける練習です。Excuse me. は、軽く謝罪する時やひとこと断っておきたい時に使う表現です。いきなり何かを切り出す前に気軽に使ってみましょう。場所を聞く時にも、まずこれを言ってからだとスムーズに会話が運びます。

英文を音読しよう！

☐ **Excuse me. Where is the nearest station?**
すみません。一番近い駅はどこですか？

☐ **Excuse me. Where is the convenience store?**
すみません。コンビニはどこですか？

☐ **Excuse me, but could you say that again?**
すみませんが、もう一度言ってくださいますか？

○解説　ポイントは Excuse me. のあとに間髪入れず、すぐに要件を続けることです。Excuse me. で止めてしまうと、ただの謝罪になってしまいます。あくまでも Excuse me. は前置きとして使いましょう。なお、Excuse me. に続けて but を入れ、Excuse me, but～（すみませんが～）という使い方も効果的です。

More Examples

☐ **Excuse me. Where is the restroom?**
すみません。トイレはどこですか？

☐ **Excuse me. Where is Fuji Japanese restaurant?**
すみません。日本料理レストラン「富士」はどこですか？

☐ **Excuse me. Where is the post office?**
すみません。郵便局はどこですか？

☐ **Excuse me. It's about time to go home.**
失礼します。そろそろ帰る時間なのです。

☐ **Excuse me, but could you press five for me, please?**
（エレベーターで）すみませんが、5階のボタンを押してくださいませんか。

□ **Excuse me. May I put my luggage here?**

すみません。荷物をここへ置いてもよいですか？

Idea Box

□ トイレ　restroom
□ エレベーター　elevator
□ 日本料理レストラン「富士」　Fuji Japanese restaurant
□ コンビニ　convenience store
□ 郵便局　post office
□ 駅　train station
□ バス停　bus stop
□ もう行かないといけない。 I have to go.
□ お願いしてもいい？　Can I ask you a favor? / Could you do me a favor?

日本語で考えてから英語にしよう！

1. Excuse me. ＋ 場所を尋ねる (1)

○まず日本語で! どこを尋ねる？ ....

○英語にしよう! Excuse me. Where is ....?

2. Excuse me. ＋ 場所を尋ねる (2)

○まず日本語で! どこを尋ねる？ ....

○英語にしよう! Excuse me. Where is ....?

3. Excuse me. ＋ もう帰る時刻だと言う

日本語でも、席を立ってその場を離れるとき、「もう帰る時間です」と言いますよね。

○それを英語にしてみよう! Excuse me. ....

4. Excuse me. ＋ 軽く依頼する

○まず日本語で! ちょっと頼みたい内容は何？ ....

○英語にしよう! Excuse me. ....

Pattern 1

6 Are you ～? + 1文

「あなたは～ですか?」
+1文

今度は、中学校で最初の頃に習った疑問文、Are you ～?を使って、言いたいことを言う前に、相手にひとこと尋ねる練習です。こんな簡単なことで会話が続くようになります。言ってみましょう！

英文を音読しよう！

□ **Are you free after work? Why don't we go out for a drink?**

仕事のあと、空いてる？ 飲みに行こうよ。

□ **Are you available at the moment? I need your help.**

いま、手が空いてる？ 手伝ってほしいんだ。

□ **Are you OK? Do you feel sick?**

大丈夫ですか？ 気分が悪いのですか？

○解説　英語での会話に慣れないうちは、どうしても自分を主語にした文を口にしがちですが、Youを主語にすることで会話の幅が広がります。自分がどう思うかだけでなく、相手が自分からどう見えるのかという視点を持つことで会話が弾むようになります。Youで文を始める癖をつけましょう。例えば、「日本にはおしゃれなレストランがたくさんある」という表現もYou can enjoy many nice restaurants in Japan.などと表すことができます。

More Examples

□ **Do you have time to have lunch? Why don't we try the new restaurant near the station?**

ランチに行く時間はありますか？ 駅の近くの新しいレストランに行ってみませんか。

□ **Are you free next weekend? Let's see that new movie.**

次の週末に時間はありますか？ あの新作映画を見に行きましょう。

□ **Are you OK? You look sick.**

大丈夫ですか？ 体調が悪いように見えます。

□ **Are you all right? Is there anything I can do?**

大丈夫ですか？ 何かできることはありますか？

※Are you OK? や Are you all right? が考えなくても口から出てくるようになったら、次の What's the matter with you? を使ってみましょう。

☐ **What's the matter with you? I'm worried about you.**

どうしたのですか？　あなたのことが心配です。

Idea Box

☐ いま、空いてますか？　Are you free now? / Are you available now? / Do you have time now?

☐ 一緒に～しませんか？　How about *do*ing together?

☐ どうしましたか？　What's wrong? / What's the matter?

☐ 大丈夫ですか？　Are you OK [all right]?

☐ ～のようですね。　You look ～.

☐ ～を手伝いましょうか？　May I help you with ～?

日本語で考えてから英語にしよう！

1. Are you ～? ＋ 相手を誘う

○まず日本語で!　時間があるかどうか尋ねよう！ ....

どこかへ誘ってみよう！ ....

○英語にしよう!　Are you ....? ....

2. Are you ～? ＋ 相手に依頼する

○まず日本語で!　都合を尋ねよう！ ....

手伝いを頼んでみよう！ ....

○英語にしよう!　Are you ....? ....

3. Are you ～? ＋ 相手の体調を気遣う

相手が具合悪そうに見えたら、日本語でも「大丈夫？　顔色悪いよ」などと言いますよね。

○それを英語にしてみよう!　Are you ....?

You look ....

4. Are you ～? ＋ 相手の状況を気遣う

○まず日本語で!　相手の状況を気遣おう！ ....

忙しそうなら、手伝いを申し出てみよう！ ....

○英語にしよう!　Are you ....? ....

Pattern 1

7 If ～＋1文

「もし～ならば」+1文

「もし xxx なら、AAA する」、「もし yyy なら、BBB しない？」なども、日本語でよく使っている表現です。英語では、If で始めるだけです。相手を誘う場合には、そのあとにおなじみの let's～を続けましょう。

英文を音読しよう！

□ **If it's sunny tomorrow, I'll go to the beach.**
明日晴れたら、海に行くんだ。

□ **If you're hungry, let's go to lunch now!**
おなかが空いてるなら、いまランチに行こうよ！

□ **If you find my sunglasses, please keep them for me.**
私のサングラスを見つけたら、保管しておいてください。

○解説　If（もし）に続く動詞は、未来のことであっても現在形で表現します。If it will be sunny tomorrow, と言ってしまいがちですが、If it is sunny tomorrow, が正しいので気をつけてください。if をはじめ、when（～するとき）、while（～する間）、because（～なので）などの接続詞は、節のかたまりごと後ろに持っていくこともできます。例えば、「もしご都合がつけば、一緒に行きましょう」は、If you are available, how about going together? / How about going together if you are available? のどちらでも表すことができます。

More Examples

□ **If it's sunny tomorrow, I'll go for a long drive.**
明日晴れたら、長距離ドライブに行くんだ。

□ **I always play the piano if I have the time.**
時間があると、いつもピアノを弾くんだ。

□ **If you're not busy tomorrow, let's go fishing.**
明日忙しくないのなら、釣りに行こうよ。

□ **If you have any questions, please don't hesitate to ask me.**
質問があったら遠慮なく聞いてください。

☐ **If you don't like it, then you can change it.**

それが好きでないなら、変更できますよ。

☐ **If possible, could you help me?**

もし可能なら、手伝ってもらえませんか？

Idea Box

☐ 仕事が終わる。 My work is done.
☐ （これから）訪れる　will visit
☐ ～しませんか？　How about *do*ing?
☐ 明日空いていますか？　Are you available tomorrow?
☐ もし明日空いてるなら、 If you're available tomorrow,
☐ あなたは～できる。 You can *do*.
☐ あなたに～してほしい。 I want you to *do*.

日本語で考えてから英語にしよう！

1. If ～, ＋ 自分の予定を言う

○まず日本語で！ 天気や仕事の状況などの条件を言おう！ ....
近い将来の予定を言おう！ ....

○英語にしよう！ If ...., ...

2. If ～, ＋ 相手を誘う

○まず日本語で！ 相手の予定を確認しよう！ ....
誘ってみよう！ ....

○英語にしよう！ If ...., ...

3. If ～, ＋ 相手の行動を促す

○まず日本語で！ 相手の好みを確認しよう！ ....
相手ができることを言おう！ ....

○英語にしよう！ If ...., ...

4. If ～, ＋ 相手に依頼する

○まず日本語で！ 相手の状況を確認しよう！ ....
頼みたいことを言おう！ ....

○英語にしよう！ If ...., ...

比べる対象は周りの人ではなく、過去の自分

人に対して「成長したね」と言ったり、逆にそう言われたりすることがありますよね。そもそも「成長する」とはどういうことなのでしょうか。

私が思うに、成長とは「昨日できなかったことが今日できる」ことです。

日本人は自分を周りと比べがちです。学校教育では偏差値が使われ、家庭内ではきょうだいと比べられて育ち、仕事では同僚や仲間と比べられ、趣味や好きでやっている活動ですら「あの人の方がうまい。上達が早い」といったふうに、私たちは常に誰かと比べられています。それに慣れてしまっているせいか、学習においても自分を周りと比較してしまいがちです。

「あの人は私より英語が話せる」、「あの人は海外経験もあって自分よりもすごい」、「あの人は帰国子女だから発音が素晴らしい」などと、他人と比較することに何の意味があるのでしょうか。

どうせ比べてしまうのであれば、今日から「昨日の自分」と比較しましょう。常に「昨日の自分よりも単語を覚えた」、「昨日はこれができなかったけど、今日は少しできた」という小さな成長を毎日積み上げていきましょう。毎日少しずつやればゴールから遠ざかることはありません。

毎日の学習の前後に、「昨日の自分」、「今日の学習を開始する前の自分」と比べて、進歩を実感するのが何よりも学習モチベーションになります。比べる相手は常に過去の自分ということを忘れずに、学習を頑張っていきましょう。

Useful Phrases

考える時間を稼ぐさまざまな表現

日本語では、言葉をぱっと思いつかないとき、「そうですね」、「一応」、「あの」、「考えさせてください」などと言いますよね。英語でも、決まった言い方をいくつか身につけておくと慌てません。次に挙げる中で、自分に合ったものを覚えておきましょう。

■ OK, but（わかりました、ただし）

OK, but the question is difficult.

わかりました、ただその質問は難しいですね。

■ Well,（うーん、そうですね）

Well, it's a difficult question.

うーん、難しい質問ですね。

■ Let me see.（ええと）

Let me see. I'm not sure.

ええと、よくわかりません。

■ Can I have some time to *do*?（～する時間をもらえますか）

Can I have some time to think about it?

それについて考える時間をもらえますか？

■ Can you give me some time to *do*?（～する時間をもらえますか）

Can you give me some time to think about it?

それについて考える時間をもらえますか？

■ I hope you will share your idea about～

（～についてあなたの考えを聞けたらいいと思います）

Can I have some time to think about it? Or I hope you will share your idea about that.

そのことについて考える時間をもらってもいいですか。もしくはあなたの考えを聞けたらいいなと思います。

Let's speak!

Pattern 2

1文を発してから、後ろに何かを付け加える

パターン1では、決まり文句の前置きを言ってから、
2文目に自分の言いたい内容を続けました。
今度は、自分の言いたいことを言ったあとに、
もう少し何かを付け加えてみましょう！
ここでもまず、英文を音読し、
日本語の質問に日本語で答えてから英語にしてみましょう。

Pattern 2

1 1文＋具体例（such asを続ける）

1文＋
「例えば〜のような」

1文のあとにsuch as（例えば）を続けるだけで、具体的なことを伝えられます。これだけで相手も返答しやすくなり、会話がどんどん続いていきます。

英文を音読しよう！

☐ **I like classical music, such as Bach and Mozart.**
クラシック音楽が好きです、例えばバッハやモーツァルトのような。

☐ **I like foreign countries, such as New Zealand and Australia.**
外国が好きです、例えばニュージーランドやオーストラリアのような。

☐ **I often eat fruits, such as strawberries and grapes.**
フルーツをよく食べます、例えばイチゴやブドウなどの。

○解説　抽象的なことを言ったあとで具体例を挙げるのは、英語ではお約束のようなものです。この時にsuch asを使えばよいのです。なお、ちょっとした例を挙げる時はfor exampleよりもsuch asの方が自然に響きます。

More Examples

☐ **I like playing sports, such as baseball and soccer.**
スポーツが好きです、例えば野球やサッカーのような。

☐ **I like foreign countries, such as England and India.**
外国が好きです、例えばイギリスやインドのような。

☐ **I want to make friends with people who have big dreams, such as changing the worlds.**
夢を持っている人と友達になりたいのです、例えば世界を変えるというような。

☐ **I saw many animals in the zoo, such as elephants.**
動物園で動物をたくさん見ました、例えばゾウのような。

☐ **I like traveling to foreign countries, such as Canada.**
海外旅行が好きです、例えばカナダのような。

☐ **I often eat sweets, such as donuts.**
甘いものをよく食べます、例えばドーナツのような。

Idea Box

- □ テニスをする　play tennis
- □ フィギュアスケートを見る　watching figure skating
- □ Jポップ [ジャズ] を聞く　listen to J-pop [jazz]
- □ 水族館 [博物館] に行く　go to an aquarium [a museum]
- □ ライオン [シマウマ] を見る　see lions [zebras]
- □ コーヒー [紅茶、ワイン] を飲む　drink coffee [tea / wine]

日本語で考えてから英語にしよう！

1. 自分の好きなスポーツや音楽 + 具体例

○まず日本語で！　好きなスポーツや音楽は？ ………………　具体的には？ ………………

○英語にしよう！　I like ………………, such as ……………….

2. 自分のしたいこと + 具体例

○まず日本語で！　したいことは？ ………………　具体的には？ ………………

○英語にしよう！　I want to ………………, such as ……………….

3. 最近の体験＋具体例

○まず日本語で！　最近体験したことは？ ………………　具体的には？ ………………

○英語にしよう！　I ………………, such as ……………….

4. よく自分がしていること + 具体例

○まず日本語で！　よく、していることは？ ………………　具体的には？ ………………

○英語にしよう！　I often ………………, such as ……………….

Pattern 2

2 1文（感想）＋問いかけ（疑問文を続ける）

1文+
「そう思わない?」

ひとこと発言したあと、相手に質問を投げかけるパターンです。会話はキャッチボールなので、これができると、やりとりを続けることができます。

英文を音読しよう！

□ **This coffee tastes good. Don't you think so?**
このコーヒーおいしいね。そう思わない？

□ **The show was exciting. Have you ever seen it before?**
そのショーは面白かったです。見たことがありますか？

□ **You speak Chinese, too. How many languages do you speak?**
あなたは中国語も話すのですね。何カ国語を話すのですか？

○解説　自分の感想のあとに質問を投げかけることで、会話にリズムを生み出します。自分の意見や感想を言うだけではなかなか相手と意思疎通できません。相手に質問することで、「私のお話は終わりです。次はあなたの番です」というメッセージも伝わります。質問ができるようになって、会話上手を目指しましょう。

More Examples

□ **I heard that you got a new job. How did you find it?**
新しい仕事に就いたって聞きました。どうやって見つけたんですか？

□ **I like European countries. Have you ever been to Europe?**
ヨーロッパの国々が好きです。行ったことはありますか？

□ **I tried eating ethnic food. Have you ever tried it?**
エスニック料理を食べてみました。食べたことありますか？

□ **This cake tastes good. Don't you think so?**
このケーキはおいしいですね。そう思いませんか？

□ **That movie was so interesting. Have you ever seen it before?**
あの映画はとても面白かったです。見たことありますか？

□ **You're very active. Do you go out on holidays, too?**
あなたはとても活動的ですね。休みの日にも外出しているのですか？

☐ **I think Layla is a hard-working person. What do you think of her?**
レイラは働き者だと思います。彼女についてどう思いますか？

Idea Box

☐ 果物　fruit
☐ スイーツ　sweets
☐ 映画　movie / film
☐ 新しい職を得る　get a new job
☐ 新しいビジネスを始める　start a new business
☐ 物知りである　have a lot of knowledge / be well-informed
☐ 〜な味がする　taste
☐ 楽しみ　fun
☐ あなたはどう思いますか？　What do you think of it?

日本語で考えてから英語にしよう！

1. 食事の感想 ＋ 問いかけ

○まず日本語で！ いま食べているもの、食べたものは何？ ....
相手に何を聞きたい？ ....

○英語にしよう！ This .... tastes ....?

2. 映画・イベント等の感想 ＋ 問いかけ

○まず日本語で！ 楽しかったことは何？ ....
相手に何を聞きたい？ ....

○英語にしよう！ That .... was ....?

3. 相手について聞いたこと・思っていること ＋ 問いかけ

○まず日本語で！ 相手について聞いたことや、相手について思っていることは何？
....
それについて何を聞きたい？ ....

○英語にしよう！ I always ....?

4. 特定の人・物事について思っていること ＋ 問いかけ

○まず日本語で！ 共通の知人やものを思い浮かべよう！ ....
その人やものについて、相手に何を聞きたい？ ....

○英語にしよう！ I think he's .... What do you think of him?

Pattern 2

3 1文+うんちくや追加情報

1文+
「その映画なんだけど、」

何かを言ったあとで、それにさらに情報や知っていることを付け足したくなることはよくあります。英語でも同じ発想でやってみましょう！

英文を音読しよう！

□ **I'm going to a concert tomorrow. I love the pianist.**
明日コンサートに行くんだ。大好きなピアニストなんだ。

□ **The program is funny. The comedian has talent.**
その番組はおかしいよ。あのコメディアンは才能あるね。

□ **I've started to study French. The language is difficult, but it's exciting.**
フランス語の勉強を始めたんだ。難しいけど面白いよ。

○解説　自分が良いと思っていることや好きなものを語る時には、言葉の数が増えるものです。英語を話す時にも、最近あった楽しかったことや自分の好きなことを軸に話をすると、どんどんいろんなことを言いたくなります。追加情報は、相手が反応しやすそうなことや相手が聞いて楽しくなるような内容のものだとなお良いですね。

More Examples

□ **My old friend is coming to see me. I've heard that he's trying to find a job.**
旧友が会いに来るんだ。彼は仕事を見つけようとしていると聞いたんだよね。

□ **This book is so interesting. The author also has a good sense of humor.**
この本はとっても面白いね。著者にはユーモアのセンスがあるよ。

□ **That movie was so exciting! I don't usually like action movies, but it was fantastic.**
あの映画にはとてもわくわくしたよ！　アクション映画はいつもなら好きじゃないけど、あれは素晴らしかった。

□ **I'm going on a business trip to Vietnam next week. I feel like trying fresh spring rolls.**
来週ベトナムに出張するんだ。生春巻きを食べてみたいなあ。

□ **That restaurant is very famous, but my friend said he didn't like it, mostly because of the behavior of the staff.**

あのレストランはすごく有名なんだけど、私の友達は好きじゃないそうだ。特に店員さんの態度が理由だって。

Idea Box

- □ 〜するつもりだ　will〜 / be going to 〜
- □ 体験する　experience
- □ 人気のある　popular
- □ 売れている　sell well
- □ 最近　these days
- □ 太ってきている　be getting fat
- □ 良い雰囲気　a good atmosphere
- □ おいしい　delicious

日本語で考えてから英語にしよう！

1. 近い予定 + 追加して言いたいこと

○まず日本語で!　決まっている予定は何？ ....

追加して言いたいことは？ ....

○英語にしよう!　..................................... . ...

2. 最近の体験 + 追加して言いたいこと

○まず日本語で!　最近読んだ本、見た映画やテレビ番組、行ったイベントは？ ....

作者や俳優、出演者など、追加して言いたいことは？ ....

○英語にしよう!　... . ...

3. 近況報告 + 追加して言いたいこと

○まず日本語で!　最近始めたことは？　生活で変わったことは？ ....

追加して言いたいことは？ ....

○英語にしよう!　... . ...

4. レストランや食事の感想 + 追加して言いたいこと

○まず日本語で!　最近行ったレストランや食べた料理は？ ....

追加して言いたいことは？ ....

○英語にしよう!　.. . ...

Pattern 2

4 1文＋補足や言い換え（I mean, を続ける）

1文+
「つまりさ、」

次は、ひとこと話したあとで情報を補足したり、言い換えたりする練習をしましょう。I mean,（つまり）でつなげることができるようになると、1文目が相手に聞こえなかったり意味が通じなかったりした時でも、2文目で補足できます。伝わる確率がぐんと高まってくるのです。

英文を音読しよう！

☐ **This book is amusing. I mean, it suits my taste.**

この本は楽しい。つまり、私の好みに合っているんです。

☐ **Finland was exciting. I mean, I got to see the northern lights.**

フィンランドはわくわくしました。というのも、オーロラが見られたんです。

☐ **You know a lot about a wide range of topics. I mean, you're a knowledgeable person.**

君は広範囲にわたっていろいろ知っているね。つまり博識だね。

解説 I mean, を使うことで、その前に言ったことについて誤解を招かないように詳しく説明したり、また、より的確な言葉で言い換えたりすることができるので、会話に深みが出ます。さらに、発展的な表現として In other words, が使えるようになるとより良いでしょう。

More Examples

☐ **This book is interesting. I mean, it is meaningful for my life.**

この本は面白いです。要するに、これは自分の人生にとって有意義なのです。

☐ **My experience in other countries was good for me. I mean, I could do many things abroad, such as meeting new people and seeing different cultures.**

海外での経験は私にとって良いものでした。つまり、たくさんのことができたのです。例えば、新しい人に会ったり異文化に触れたりといったことです。

☐ **You've been contributed so much to our company. In other words, you've done well.**

あなたはわが社にとても貢献してくれています。言い換えれば本当によくやってくれているのです。

※In other words も使ってみよう！

☐ I want to leave Japan. In other words, I want to visit other countries.
日本を離れたい。つまり、ほかの国に行きたい。

☐ Nobody can solve this problem. In other words, it's very difficult.
誰もこの問題を解けない。つまり、とても難しい。

☐ You treated her very badly. In other words, you were rude to her.
君は彼女を粗末に扱った。つまり、彼女に失礼だったのだ。

Idea Box

☐ 感動的な　moving
☐ つまらない　boring
☐ 人生を変えるような　life-changing
☐ 貴重な　valuable / precious
☐ 外向的な　outgoing
☐ 陽気な、面白おかしい　hilarious
☐ 海外で働く　work abroad

日本語で考えてから英語にしよう！

1. 最近の体験などの感想 + 補足したいこと (1)

○まず日本語で! 最近読んだ本、見た映画、体験したことは？ ....
補足して言いたいことは？ ....

○英語にしよう! The experience ....、I mean, ...

2. 最近の体験などの感想 + 補足したいこと (2)

○まず日本語で! 最近読んだ本、見た映画、体験したことは？ ....
補足して言いたいことは？ ....

○英語にしよう! I .... I mean, ...

3. 自分のしたいこと + 補足したいこと

○まず日本語で! したいことは何？ .... 具体的に言うと？ ....

○英語にしよう! I want to .... I mean, ...

4. 相手に伝えたいこと + 補足したいこと

○まず日本語で! 相手に伝えたいことは何？ ....
補足して言いたいことは？ ....

○英語にしよう! You .... I mean, ...

Pattern 2

5 1文＋アドバイス（You shouldを続ける）

1文＋
「～するといい」

何かを相手にアドバイスしたり提案する時の便利な言い方、You should ～を2文目に続けるパターンを練習しましょう。

英文を音読しよう！

□ **This ice cream is so smooth. You should try it.**
このアイスクリームはとても滑らかだ。食べてみるといいよ。

□ **That show was so interesting. You should see it.**
あのショーはとても面白かった。見るといいよ。

□ **He's a very friendly person. You should talk to him.**
彼はとても親しみやすい人なんです。話すといいですよ。

○解説　相手に何かを強く勧めたい時に、shouldはよく使われる表現です。shouldの訳は「～すべき」だと中学校で習いますが、shouldは何かアドバイスをする時に使われる助動詞です。「～したらいいと思うよ」と言う時に使えるのです。

More Examples

□ **I went to London and it was nice. You should visit there one day.**
ロンドンに行ったら良い所だったよ。あなたもいつか行くといいよ。

□ **I talked with a new staff member in our office. You should say hi to her, too.**
オフィスの新メンバーと話したよ。あなたも彼女に挨拶した方がいいよ。

□ **We will soon have the Olympics. You should get involved as a volunteer.**
もうすぐオリンピックがあるよ。君もボランティアに参加するといいよ。

□ **I think this cake tastes good. You should try it.**
このケーキはおいしいと思います。食べてみるといいですよ。

□ **I think the movie is really funny. You should see it.**
この映画は本当に笑えると思います。見るといいですよ。

□ I think he's a hard-working person. You should talk with him in the near future.

彼は働き者だと思います。近いうちに話すといいですよ。

※You should～を覚えたら、Why don't you *do*～?や How about *doing*?という表現も使ってみましょう。

□ Why don't you try it?

やってみませんか？

□ How about going together?

一緒に行きませんか？

Idea Box

□ 見る　have a look
□ 参加する　join
□ ～に申し込む　sign up for ～
□ ネットで予約する　book online
□ ～に声を掛ける　talk to ～
□ ～をコーヒーに誘う　ask ～ out for coffee

日本語で考えてから英語にしよう！

1. 自分の習慣・行動 ＋ 相手に勧める

○まず日本語で! 自分が現在やっていて、相手に勧めたいことは？ ....

○英語にしよう! I think .... You should try ....

2. 最近の体験 ＋ 相手に勧める

○まず日本語で! 最近体験して、相手に勧めたい映画、イベント、本は？ ....

○英語にしよう! I think .... You should .... it.

3. 近い将来のイベント ＋ 相手に勧める

○まず日本語で! まもなく行われるイベントで、相手に勧めたいものは？ ....

○英語にしよう! We soon have .... You should ....

4. 特定の人・物事について思っていること ＋ 相手に行動を促す

○まず日本語で! 共通の知人を思い浮かべよう。 .... その人に対して、相手はどういう行動をとったらいいと思う？ ....

○英語にしよう! I think .... You should ....

Pattern 2

6 1文＋話題の転換 (By the way, を続ける)

1文+
「ところで、」

話題を転換する時の便利な言葉 By the way (ところで) は、よく使われる表現のひとつです。ぜひ、2文1セットで使ってみましょう。

英文を音読しよう！

☐ **The meeting was really long. By the way, why don't we go out for some coffee?**

本当に長いミーティングだった。ところで、コーヒーを飲みに外に出よう。

☐ **I think the movie was nice. By the way, aren't you hungry?**

映画は良かったと思う。ところで、おなか空いてない？

☐ **I didn't know you're from Osaka. By the way, when did you come to Tokyo?**

あなたが大阪出身だとは知りませんでした。ところで、いつあなたは東京に来たのですか？

○解説　By the way (ところで) を使うと、自分の話したいトピックに会話をうまく運ぶことができます。ひとつのトピックについて十分話したと思ったら、思い切って話題を転換してみると、飽きのこないコミュニケーションが取れそうですね。Anyway (とにかく) も、話題を転換する時にネイティブがよく使う表現です。

More Examples

☐ **The lecture was difficult. By the way, have you finished your report? It's due tomorrow.**

難しい講義だったね。ところで、レポートは終わらせた？　期限は明日だよ。

☐ **I worked at the company you talked about the other day. By the way, aren't you hungry?**

あなたが先日話題にしていた会社で働いていました。ところで、おなかが空いていませんか？

※Anyway, や Sorry to change the subject but, でつなぐ方法もあります。

☐ **I was worried about you because you came home late. Anyway, I'm happy to know that you're safe.**

帰りが遅いので心配していました。とにかく、無事でよかったです。

☐ **I thought the movie was good. And sorry to change the subject, but can we find a café around here? I'm thirsty.**

いい映画だったと思うよ。話題を変えて申し訳ないんだけれど、このあたりにカフェはないかな？ 喉が渇いちゃった。

Idea Box

☐ 故郷　hometown
☐ ひどい　terrible
☐ 素晴らしい　fantastic
☐ 物議を醸すような　controversial
☐ 軽く食事をする　grab a bite
☐ 休憩する　take a break
☐ コーヒーを飲みながら話す　talk over coffee
☐ おなかが空いた　hungry
☐ 喉が渇いた　thirsty
☐ ～がすごく食べたい　crave～

日本語で考えてから英語にしよう！

1. いま終わった出来事の感想 ＋ 話題を転換する（1）

○まず日本語で！　いま終わった出来事について思うことは？ ....
これから何をしたい？ ....

○英語にしよう！ .... was .... By the way, ...

2. いま終わった出来事の感想 ＋ 話題を転換する（2）

○まず日本語で！　いま終わった出来事について思うことは？ ....
これから何をしたい？ ....

○英語にしよう！ .... was .... By the way, ...

3. 相手のことを言う ＋ 話題を転換する（1）

○まず日本語で！　相手のどんなことを話題にする？ ....
持っていきたい話題は？ ....

○英語にしよう！ I .... By the way, ...

4. 相手のことを言う ＋ 話題を転換する（2）

○まず日本語で！　相手のどんなことを話題にする？ ....
持っていきたい話題は？ ....

○英語にしよう！ I .... By the way, ...

Pattern 2

7 1文＋少しだけ否定（butでもっと良いものを付け加える）

1文＋「だけど、もっと好きなのは～」

「～っていいよね。でも、…はもっといいよね」って日本語でもよく使いませんか？　その表現を練習しましょう。おなじみの but（でも）でつなげればよいのです。

英文を音読しよう！

□ **I like lemon tea, but I like tea with milk better.**
レモンティーは好きだけど、ミルクティーはもっと好きなんだ。

□ **I like listening to music, but I like playing the violin better.**
音楽を聴くのは好きですが、バイオリンを弾くのはもっと好きです。

□ **Studying English is necessary, but it's more important to use English at work.**
英語の勉強は必要だけど、もっと大切なのは仕事に英語を生かすことだよ。

○解説　「～もいいけれど、…はもっといいよね」と言うことで、相手の意見を真っ向から否定することなくほかの案を提案できるような場合もあります。相手を傷つけずにコミュニケーションをとれる便利な言い方です。もちろん、否定する時だけでなく比較する時にも butを使えます。

More Examples

□ **You're doing well, but if you try harder, you can achieve more.**
あなたはよくやっているけれど、もっと頑張ればより多くのことを達成できるよ。

□ **His test results are above average, but there is still room for improvement.**
彼の試験の成績は平均以上だけれど、まだ改善の余地があるね。

□ **I like traveling around Japan, but I like going abroad better.**
日本国内を動き回るのは好きだけど、海外に行くのはもっと好きだ。

□ **Working hard is necessary, but it's more important to take regular breaks.**
一生懸命働くことは必要だけど、定期的に休みを取るのはもっと大事だよ。

☐ I like this cheesecake, but I like the pancakes in Harajuku better.

このチーズケーキ好きなんですが、原宿のパンケーキの方がもっと好きです。

☐ I read the novel in the past and I liked it, but I'm now more interested in novels by another author.

この小説を昔読んで気に入ったんですが、いまは別の著者の作品の方により興味があります。

☐ The food in this restaurant looks delicious. But you know what? I've found a nicer one. How about going together?

このレストランの料理はおいしそうだね。でも聞いて。もっといいところを見つけたんだ。一緒に行ってみない？

Idea Box

☐ 外食する　eat out ⇔ 家で料理を作る　cook at home
☐ キャンプに行く　go camping ⇔ 家にとどまる　stay home
☐ グループで　as a group ⇔ 自分で、ひとりで　by myself / alone
☐ おしゃべりな　chatty
☐ 気さく　sociable / friendly

日本語で考えてから英語にしよう！

1. 好きなもの・こと ＋ もっと好きなもの・こと

○まず日本語で!　好きなものは？ ....　もっと好きなものは？ ....

○英語にしよう!　I like ...., but I like .... better.

2. 行きたいところ ＋ もっと行きたいところ

○まず日本語で!　行きたいところは？ ....　もっと行きたいところは？ ....

○英語にしよう!　I want to visit ...., but I want to .... more.

3. 相手を褒める ＋ もっと良くなるアドバイス

○まず日本語で!　相手を褒めよう！ ....
どのようにすればもっと良くなると思う？ ....

○英語にしよう!　I know ...., but if you ...., you ....

4. 共感・同意見・大事だと思うこと ＋ もっと良いと思うこと

○まず日本語で!　共感できることは？ ....　もっと良いと思うことは？ ....

○英語にしよう!　.................. is ...., but .... is ....

Pattern 2

8 1文（一般論や周囲の意見）＋自分の意見へと展開（butを続ける）

1文+
「でも私はこう思います」

今度は、何かを発言してから「でもね」と逆のことを言う練習です。周りの人はこう言ってるけど、自分はこう思う。一般的にはこうだけど、自分の意見は違う。こんな人もいるけど、自分は違う――などなど、これも but（しかし）を使って言ってみましょう。

英文を音読しよう！

□ **Some people say Max is rude, but at least he's punctual.**
マックスを無作法だと言う人もいるけど、少なくとも彼は時間を守るよ。

□ **Some say making a presentation is difficult, but I don't think so.**
プレゼンテーションは難しいと言う人もいますが、私はそうは思いません。

□ **Some people are good at communication, but I'm not.**
コミュニケーションがうまい人もいますが、私はそうではありません。

○解説　「一般的にはこう言われているけれど、私は～と思う」と表現することで、自分の意見を強調できます。また、「私は普通と違う考えを持っているの」と、自らの個性を相手に伝えることにもつながります。このあとに What's your opinion? や What do you think?（あなたはどう思う？）と質問できると、さらに会話が広がりそうですね。

More Examples

□ **Some people say Harold is nice, but he's indecisive.**
ハロルドがいい人だという人もいますが、彼は優柔不断です。

□ **Some people like traveling, but my wife doesn't.**
旅行好きの人もいますが、私の妻は違います。

□ **Many Japanese don't believe they are intelligent, but I think they are.**
多くの日本人は自分が聡明だと思っていませんが、私はそうだと思っています。

□ **Some people say he's not a good guy, but I think he's reliable.**
彼があまりいいやつじゃないと言う人もいますが、私は彼は信頼できると思います。

□ **Some people say English is easy, but I don't think it is.**
英語は簡単だと言う人もいますが、私はそうは思いません。

□ **Some people are pessimistic, but I'm optimistic.**

悲観的な人もいるけど、私は楽観的です。

Idea Box

□ 率直な　frank
□ ぽっちゃりした　chubby
□ 優柔不断な　indecisive
□ 気前がいい　generous
□ 難しい　difficult / hard
□ 礼儀正しい　polite
□ 謙虚な　modest
□ 我慢強い　patient

日本語で考えてから英語にしよう！

1. 特定の人・ものへの周囲の意見 ＋ 自分の意見

○まず日本語で!　誰のことを言う？.......................... 周りは何と言っている？ ....
自分の意見は？...

○英語にしよう!　Some people say ...., but I think ....

2. 英語学習の一般論 ＋ 自分の意見

○まず日本語で!　一般的にどんなことが言われている？ .... 自分の意見は？ ....

○英語にしよう!　Some people say English is ...., but I think ....

3. 日本人の一般論 ＋ 自分の意見

○まず日本語で!　日本や日本人についてよく言われる一般論は？ ....
自分の意見は？......................

○英語にしよう!　Many Japanese don't believe ...., but I think ....

4. 一般的な性質 ＋ 自分の性質

○まず日本語で!　自分と違うどんな人たちがいる？ .... 自分はどう？ ....

○英語にしよう!　Some people ...., but I ....

年齢を重ねるほど英会話は有利になる？

日本人は、できない言い訳を考えたり、過去にしがみついたりしがちです。学習に限らず、「昔は～だった」、「いままで頑張ってきてもダメだったから今回もダメかもしれない」など、これからに対するわくわく感よりも、過去に抱いたネガティブな要素に引きずられがちです。最たるものが「もうこんな年だから」です。

では、一体何歳だったらいいのでしょうか。80代の人はせめて60代ならと言い、60代の人は40代なら、30代の人は学生だったら、大学４年生は大学１年生だったらと言います。

しかし、海外では60歳を過ぎてから新しいことに挑戦する人は珍しくありませんし、それが一種の生きがいであるとも言います。

年齢を重ねるほど記憶力が悪くなると言う人もいますが、そうした思い込みは、「英語を習得してこんなことを頑張っていきたい」という情熱で、いくらでも覆せます。

また年齢を重ねるごとに増大していく要素があるのです。それは「経験」です。これは言語学習においてとても重要なことです。ビジネスの場面やいままでの人生を語る際には、いつだって経験があってこそ、言葉にリアリティーが生まれるものです。極端な例ですが、戦争に関わった人の「戦争は怖い」という言葉と、戦争体験のない人の「戦争は怖い」という言葉では重みに違いがあります。言葉は命をつかさどります。年齢を気にせず、若い人が経験していないことを言葉に乗せていきましょう。

Useful Phrases

便利な副詞句
——話を膨らませるために——

日本語で話すとき、つい癖のように使ってしまう言葉はありませんか。「まずは」、「ここだけの話」、「つまり」など。いったんこう言ってワンテンポ置いてから大事なことを話したり、話の接ぎ穂として使い、その間に次に言うことを考えたりしていますよね。

英語にも、そういう便利な言葉があります。2語以上で副詞の役割を果たす副詞句のバリエーションはとても豊富で、使い勝手もよいものが多いのです。それぞれに、2文1セットでひとつずつ例文を挙げます。音読してみましょう。

■ As a result,（結果として）

One of the companies didn't sign the contract. As a result, the project failed.

1社が契約書に署名しなかった。結果として、そのプロジェクトは失敗した。

■ Believe it or not,（まさかと思うでしょうが）

Believe it or not, it's true.

まさかと思うだろうけど、それは本当なんだ。

■ In conclusion,（まとめると、結論は）

In conclusion, we should reduce the cost of our products.

結論として、自社製品のコストを削減するべきだ。

■ Between you and me,（ここだけの話だけど）

Between you and me, Arthur and Grace are dating.

ここだけの話だけど、アーサーとグレースは付き合ってるんだ。

■ That's why（そういう理由で）

I like the atmosphere and the flavors at the café. That's why I go for lunch there every day.

あのカフェの雰囲気や趣が好きなんだ。だから毎日あそこにランチに行くのさ。

■ To begin with（まず）

I don't like to team up with Chiaki. To begin with, she is rude.

チアキとは組みたくない。まず、彼女は失礼だ。

Pattern 2

9 1文＋同時にしていること（whileを続ける）

1文+
「同時にこれもしています」

「～をしながら…する」は、日本語でもよく使う表現ですね。英語の勉強も「ながら」という人も多いはず。こういう表現は、whileを使えば簡単に英語にできます。

英文を音読しよう！

□ **I watch TV while eating dinner.**
私は夕食を食べながらテレビを見ます。

□ **I read a newspaper while drinking coffee.**
私はコーヒーを飲みながら新聞を読みます。

□ **I take a walk while listening to the radio every morning.**
私は毎朝ラジオを聞きながら散歩をします。

○解説 whileは、あまり積極的に使ったことのない人が多いかもしれませんが、実は便利な語です。「～をしている間に、同時に…する」というのは日常的に無意識で行っていることですから、習慣的に同時に取っている2つの行動を表現する際に気軽に使ってみましょう。

More Examples

□ **I brew a cup of coffee while making toast every day.**
私は毎朝、パンをトーストしながらコーヒーを入れます。

□ **I read news on my phone while thinking about the day's schedule on the train.**
私は電車内でその日のスケジュールについて考えながらスマホでニュースを読みます。

□ **I listen to the songs of my favorite singers while taking a bath.**
私はお風呂に入りながら好きな歌手の歌を聴きます。

□ **I drink wine while watching TV on most weekends.**
私はたいてい週末には、テレビを見ながらワインを飲みます。

□ **There was an earthquake while I was sleeping.**
私が眠っている間に、地震があった。

☐ **I am poor at English, while my daughter is fluent.**

私は英語が苦手ですが、娘は流ちょうに話します。

※whileは「Aは～であり、一方 Bは…である」と言いたい時にも使えます。

Idea Box

☐ 日々のニュースを確認する　check the daily news
☐ 歯を磨く　brush one's teeth
☐ コンタクトレンズをつける　wear contact lenses
☐ 英単語を覚える　memorize some English words
☐ つり革につかまる　hold onto a strap
☐ 大声で歌う　sing aloud
☐ ～と雑談をする　chat with ～
☐ 携帯電話で友達にメッセージを送る　text my friend
☐ 雑誌にざっと目を通す　flick through magazines

日本語で考えてから英語にしよう！

1. 朝の準備 ＋ 同時にしていること

○まず日本語で! 朝、コーヒーを入れながらどうしている？ ....

○英語にしよう! I .... while brewing coffee every morning.

2. 電車内の行動 ＋ 同時にしていること

○まず日本語で! 通学や通勤、移動する際の車内ではどうしている？ ....
同時にしていることは？ ....

○英語にしよう! I .... while .... on the train.

3. お風呂での行動 ＋ 同時にしていること

○まず日本語で! お風呂ではどうしている？ ....

○英語にしよう! I .... while taking a bath.

4. テレビや音楽の視聴 ＋ 同時にしていること

○まず日本語で! テレビはいつ見る？ ....
そのとき何をしている？ ....

○英語にしよう! I .... while watching TV ....

Pattern 2
10 1文＋同じ表現を繰り返してもう1文

「ありがとう」＋
「本当にありがとう」

Pattern 1で、Thank youやI am sorryに1文プラスする言い方を練習しました。こんな時には、同じことを2回言ってもよいのです。日本語で「ありがとう！　ほんとにありがとう」、「ごめんなさい。本当にすみませんでした」と言いますが、英語でも同じです。2文目で言うべきことに詰まってしまったら、同じ内容を2回言えばよいのです。

英文を音読しよう！

□ **Thank you. Thank you so much.**
ありがとう。本当にありがとう。

□ **I'm sorry. I'm very sorry.**
ごめんなさい。本当にすみません。

□ **I like listening to J-pop. I love it.**
Jポップを聴くのが好きです。大好きなんです。

○解説　同じことを繰り返して、いっそう相手に気持ちが伝わることがあります。特に感謝したり謝ったりという時には、心の底からそう思っていることを伝えたいですよね。そのまま反復せず、少し表現を変えて同じことを繰り返すことで、くどくなりすぎずに反復できます。

More Examples

□ **Thank you. I really appreciate it.**
ありがとうございます。本当に感謝しています。

□ **Thank you. It's very kind of you.**
ありがとう。あなたは優しいのね。

□ **I'm sorry. I really feel sorry.**
ごめんなさい。本当に申し訳なく思っています。

□ **I want to be a teacher. I've wanted to be a teacher since I was small.**
私は先生になりたいんです。小さい頃から先生になりたいと思っていました。

□ I like reading books. I love reading.

私は本を読むのが好き。読書が大好きなの。

□ You're nice. You're kind.

あなたは素敵ですね。優しい人だ。

□ He has a hard job. His job is really hard.

彼は厳しい仕事をしています。本当に大変そうです。

□ I study English every day. I study hard in order to use it overseas.

私は毎日英語を勉強するの。海外で英語を使うために一生懸命学ぶんだ。

Idea Box

- □ 感謝する　appreciate
- □ 何と言っていいかわからない（くらい感謝している）よ。　I don't know what to say.
- □ ～をしてくださるなんて優しいですね。It's kind of you to *do*.
- □ 謝る　apologize
- □ 本当に　really / truly

日本語で考えてから英語にしよう！

1. 感謝 ＋ 感謝

○まず日本語で!　お礼を言おう！ ....
もう１回お礼を重ねてみよう ....

○英語にしよう!　Thank you. I ....

2. 謝罪 ＋ 謝罪

○まず日本語で!　謝ろう！ ....
もう１回謝罪を重ねてみよう ....

○英語にしよう!　I'm sorry. I ....

3. 相手を褒める ＋ 相手を褒める

○まず日本語で!　ポジティブな形容詞で相手を褒めよう！ ....
もうひとつ、相手を褒めるプラスの形容詞を探そう！ ....

○英語にしよう!　You're .... You're ....

4. 好きなこと・していること ＋ 好きなこと・していること

○まず日本語で!　好きなことを言おう！ ....
繰り返して情報を追加したり、言い換えたりしてみよう！ ....

○英語にしよう!　I like .... I ....

Pattern 2

11 質問1文＋表現を変えた質問

質問「週末何するの?」＋
質問「土曜日時間ある?」

今度は、「質問」を重ねて相手に具体的に尋ねる表現です。質問を2回続けるというのは、日本語でも実は無意識にやっているはずです。まずはこれまでと同じく、例文をご覧ください。

英文を音読しよう！

☐ **What will you do on Friday? Do you have time on that day?**
金曜に何をするの？　その日時間ある？

☐ **What do you like to do? Do you like sports?**
何をするのが好き？　スポーツは好きですか？

☐ **What do you do on weekends? Do you usually go out?**
週末は何をしていますか？　普段は外出しますか？

○解説　質問を重ねることで相手に具体的な答えを求めることができ、会話がスムーズに進みます。日本語で無意識にやっているように、英語でもすらすらと質問を重ねられるように練習してみましょう。

More Examples

☐ **What will you do next Monday? Do you have time on that day?**
来週の月曜日は何をするの？　その日、時間ある？

☐ **What do you do on weekends? Do you spend time at home?**
週末は何をしているの？　家で過ごしているの？

☐ **Do you have any hobbies? What do you do when you have free time?**
何か趣味はある？　時間がある時には何してるの？

☐ **What do you do? What's your job?**
どんなことをしているんですか？　お仕事は何ですか？

☐ **What kind of food do you like? How about Japanese food?**
どんな種類の料理が好きですか？　和食はどうですか？

☐ **Have you ever been to other countries? Which was the best?**
ほかの国に行ったことはありますか？　どの国が良かったですか？

□ **How are you doing these days? Do you have any news?**

最近どうやって過ごしてる？　何かニュースはある？

Idea Box

□ 趣味　hobby
□ 時間のある時　when you have time
□ 仕事をする　do (What do you do? で「お仕事は何ですか？」の意味)
□ 仕事　work / business / job
□ 食品　food
□ 飲み物　drink
□ 日本食　Japanese food
□ 焼き肉　grilled meat
□ 外国　foreign country / other country

日本語で考えてから英語にしよう！

1. 週末や休暇の行動を尋ねる ＋ 何かを例に出して尋ねる

○まず日本語で! 週末や休暇に何をしているかを尋ねよう！ ....

具体的な過ごし方を例に出して聞いてみよう！ ....

○英語にしよう! What do you do ....? Do you have ....?

2. 好きなことを尋ねる ＋ 何かを例に出して尋ねる

○まず日本語で! 好きなことを尋ねよう！ ....

具体的なことを例に出して聞いてみよう！ ....

○英語にしよう! What kind of .... do you like? How about ....?

3. 職業を尋ねる ＋ 仕事について尋ねる

○まず日本語で! 職業を尋ねよう！ ....

仕事について尋ねよう！ ....

○英語にしよう! What do you ....? What kind of work ....?

4. 相手の体験を尋ねる ＋ そのうちどれが好きかを尋ねる

○まず日本語で! 何かの体験を聞いてみよう！ ....

そのうちどれが好きかを尋ねよう！ ....

○英語にしよう! Have you ever ....? Which was the best?

Pattern 2

12 1文＋感想（I'mを続ける）

1文+
「うれしかった」

今度は、誰かの行動や状況に続けて、自分の気持ちを言ってみましょう。難しいことはなく、I'mでつなげればよいのです。

英文を音読しよう！

☐ I gave my mother a bunch of flowers for her birthday. I'm glad she liked them.

母の誕生日に花束をあげました。気に入ってくれてよかった。

☐ My sister received an award. I was very surprised.

姉が賞をもらいました。とても驚きました。

☐ I heard my uncle was in the hospital. I'm worried about him.

おじが入院したと聞きました。心配しています。

○解説 自分のしたことや何らかの事実を述べたら、その感想を続けて言うことで人間的な会話になります。日本語では自然にやっていることですから、英語でも伝えられるようにしましょう。自分の感情がうまく伝わると、英語で話すのがより楽しくなりますよ。

More Examples

☐ I gave my sister a necklace for her birthday. I'm glad she liked it.

妹の誕生日にネックレスをあげました。気に入ってくれてよかった。

☐ My brother told me the truth. I'm glad.

兄は私に真実を話してくれました。うれしいです。

☐ I made it on time. I'm relieved because I thought I was going to be late.

私は間に合いました。遅刻すると思っていたのでほっとしています。

☐ I heard my aunt passed away. I'm really sad.

おばが亡くなったと聞きました。とても悲しいです。

☐ It's starting to rain. I'm glad I have an umbrella.

雨が降ってきた。傘を持っていてよかった。

□ **I passed the examination. I'm glad I didn't give up.**

試験に受かりました。諦めなくてよかった。

Idea Box

□ うれしい glad
□ 悲しい sad
□ がっかりした disappointed
□ 満足した satisfied
□ 驚いた surprised
□ 心配した worried
□ わくわくする excited
□ ～するのを楽しみにしている look forward to *doing*

日本語で考えてから英語にしよう！

1. 自分の行動・状況 + 気持ち

○まず日本語で! 自分の行動や状況を言おう！ ....
その時の気持ちを言おう！ ....

○英語にしよう! I .... I'm ....

2. 特定の人の行動・状況 + 自分の気持ち

○まず日本語で! 人の行動や状況を言おう！ ....
それについて思ったことを言おう！ ....

○英語にしよう! .... I'm ....

3. 人から聞いた情報 + 自分の気持ち

○まず日本語で! 最近聞いたことを言おう！ ....
それについて思ったことを言おう！ ....

○英語にしよう! I heard .... I'm ....

4. 出来事・周囲の状況 + 自分の気持ち

○まず日本語で! いまの周囲の状況を言おう！ ....
状況について、思ったことを言おう！ ....

○英語にしよう! It .... I'm ....

Pattern 2

13 1文＋提案・誘い（Why don't we ～？で誘ってみる）

1文+
「ランチに行こうよ」

何かを言ってから、相手に提案したり誘ったりすることは日本語でも日常的にやっていることですね。英語でも、2文1セットで言えば自然に誘うことができます。

英文を音読しよう！

□ **It's twelve o'clock. Why don't we go to lunch?**
12時だ。ランチに行こうよ。

□ **It's snowing. Why don't we drink wine at home?**
雪が降っている。家でワインを飲まない？

□ **It is Mother's Day today. Why don't we buy a present for her?**
今日は母の日だ。プレゼントを買いに行かない？

○解説　きちんとした言い回しがわからないばかりに、言うこと自体を諦めてしまった経験はありませんか？　勧誘する表現を覚えて、英語が話せる友達をさまざまなことに誘い、親交を深めてみましょう！　Why don't we ～？の表現に慣れてきたら、How about *doing*? や How would you like to *do*?, What are your plans for～？といった勧誘表現にもチャレンジしてみましょう。

More Examples

□ **It's twelve o'clock. Why don't we have lunch together?**
12時ですね。一緒にランチに行きませんか？

□ **It was a long meeting. Why don't we go out for a coffee?**
長い会議でしたね。コーヒーを飲みに出ませんか？

□ **It's a beautiful day today. Why don't we walk to the river?**
今日はとてもいい天気ですね。川まで歩きませんか？

□ **Her birthday is coming soon. Why don't we buy a present for her?**
もうすぐ彼女の誕生日だ。プレゼントを買わない？

□ **The exams are done! How about going to a movie tonight?**
テストが終わった！　今夜、映画を見に行かない？
※How about *doing*? など、別の表現を使ってみるとこのようになります。

□ **Both of us are busy this weekend. How would you like to eat out?**

僕たちはふたりとも今週末は忙しい。外食するのはどうかな？

□ **I found a good place to go on a picnic. What are your plans for next Sunday?**

ピクニックに行くのにいい場所を見つけました。次の日曜日の予定はどうですか？

Idea Box

- □ 正午前後に　around noon
- □ 出前を取る　order delivery
- □ コーヒーを飲む　grab a cup of coffee
- □ くつろぐ　hang out
- □ 散歩する　take a walk
- □ 新しいレストランに行ってみる　try a new restaurant

日本語で考えてから英語にしよう！

1. 時間を見計らう ＋ ランチ・お茶に誘う

○まず日本語で! 時間のことを言おう！ ……………………

ランチやお茶に誘ってみよう！ ……………………

○英語にしよう! It's …………………… . Why don't we …………………… ?

2. 現在の状況 ＋ 何かに誘う (1)

○まず日本語で! いまの状況を言おう！ ……………………

何かに誘ってみよう！ ……………………

○英語にしよう! …………………… . Why don't we …………………… ?

3. 現在の状況 ＋ 何かに誘う (2)

○まず日本語で! いまの状況を言おう！ ……………………

何かに誘ってみよう！ ……………………

○英語にしよう! …………………… . Why don't we …………………… ?

4. 特定の人・物事 ＋ 関連する行動へと相手を誘う

○まず日本語で! 特定の人・物事について言おう！ ……………………

何かの行動へと誘おう！ ……………………

○英語にしよう! I …………………… . Why don't we …………………… ?

Pattern 2

14 1文＋結果（andを続ける）

1文＋
「結果はこうだった」

andは語と語、句と句、文と文をつなぎます。とても応用範囲の広い接続詞ですから、いろいろな使い方があります。ここでは1文目で行動や体験を言ってから、その結果を続けるときにandを使ってみましょう。2つの文をandでつなぐだけなので気軽に使えます。

英文を音読しよう！

□ **I took an English test yesterday and I got a perfect score.**
昨日英語の試験を受けて、満点だったんだ。

□ **My father got wet in the rain and he caught a cold.**
父は雨に濡れて、風邪をひきました。

□ **Lyla fell off her bike and got injured.**
ライラは自転車から落ちて、けがをしたんだ。

○解説　日本語で話す時には意識していないかもしれませんが、長い文と短い文を組み合わせることで聞き手を飽きさせずに会話を楽しめます。ここまで「短い文をたくさんつなげる」ことを練習してきましたが、慣れてきたら、時々少し長い文を使うとリズムが出てきます。そのためにすぐにできるのは、接続詞を使うことです。具体的には、まずは中学校で最初の頃に習うandを使ってみましょう。慣れてきたらbutやbecauseを使って文をつなぎ、単調さをなくすことにチャレンジしてみましょう。

More Examples

□ **I looked in my bag for the key. I finally found it and entered my house.**
バッグの中に鍵を探しました。やっと見つけて家に入りました。

□ **He fell down and broke his right leg.**
彼は転んで右脚を折りました。

□ **My mother had a bad cold and lost weight.**
母はひどい風邪をひいて、体重が減りました。

□ **He won a prize in the competition and was on the news.**
彼は大会で賞を取ってニュースに載ったんだ。

□ **Tom studied law at university and became a lawyer.**

トムは大学で法律を勉強して弁護士になりました。

□ **The CEO spoke and all the employees were silent.**

CEOが話し、全従業員が静かにしていた。

Idea Box

□ ～に偶然出くわす　came across ～
□ 試験　test / examination / exam
□ よい点を取る　get a good grade
□ やっと、ようやく　finally
□ 医者にかかる　go to see a doctor
□ ～の面倒をみる　look after ～ / take care of ～
□ 仕事をサボる　skip work
□ ～を探す　look for ～

日本語で考えてから英語にしよう！

1. 自分の体験 ＋ 結果

○まず日本語で!　どんなことを体験した？ ……………………
　　その結果はどうだった？ ……………………

○英語にしよう!　…………………… and …………………….

2. 自分の行動 ＋ 結果

○まず日本語で!　何をした？ ……………………
　　その結果、何が起こった？ ……………………

○英語にしよう!　…………………… and …………………….

3. 特定の人の体験 ＋ 結果

○まず日本語で!　誰がどんなことを体験した？ ……………………
　　その結果、何が起こった？ ……………………

○英語にしよう!　…………………… and …………………….

4. 特定の人の行動 ＋ 結果

○まず日本語で!　誰がどんなことをした？ ……………………
　　その結果、どうなった？ ……………………

○英語にしよう!　…………………… and …………………….

Pattern 2

15 1文＋まとめ（In short, を続ける）

1文＋
「まとめると、」

何かを言ったあと、「つまりね」とまとめることは日本語でもよくあることです。In short, を使って言ってみましょう。すでに練習した I mean,「つまり」と似ていますが、I mean, は「言い換えるとこういうこと」、In short, は「まとめるとこういうこと」というニュアンスの違いがあります。

英文を音読しよう！

□ **... and I think Aaron's plan is better. In short, I don't agree with you.**

……そしてアーロンのプランの方がいいと思います。つまり、あなたには同意しません。

□ **I went to that country, but I had a lot of bad experiences. In short, it wasn't fun at all.**

その国に行ったけど、良くない体験ばっかりだった。つまり、全く楽しくなかったんだ。

□ **... and I wrote the document based on the facts. In short, I didn't make it up.**

……そして事実に基づいてその文書を書きました。つまり、ねつ造したわけではありません。

○解説　日本には「そんたくする」とか「空気を読む」という文化がありますが、はっきりと言葉にした方がよい場面も、もちろん存在します。欧米の文化では、日本よりもそういった状況が多いものです。長く遠回しに表現して相手の反応が薄かったら、In short, を使ってもっと率直な表現を補ってみましょう。

More Examples

□ **The product isn't selling well and the economy is bad. In short, we have to review our sales plan.**

その製品はあまり売れていないし景気は悪い。つまり、私たちは販売計画を見直さなければなりません。

□ **... and the company's profit is down. In short, I disagree with you.**

……しかも会社の利益が下がっています。つまり、あなたには賛同しません。

□ **The earthquake destroyed the factory and all our staff had to evacuate from the building. In short, we're lucky to be alive.**

地震で工場が破壊され、当社のスタッフは全員建物から避難しなければなりませんでした。要は、私たちは運よく無事でしたが。

☐ **He likes to work alone and is arrogant sometimes. In short, no one wants to work with him.**

彼はひとりで働くのが好きで、時々横柄だよね。つまり、誰も彼と一緒には働きたくないのさ。

☐ **The ramen I had at the noodle bar was the best I have ever had. In short, I'm definitely going there again.**

そのラーメン屋さんで食べたラーメンはいままでで一番だったよ。つまり、絶対にまた行くね。

Idea Box

☐ あなたに賛成です。　I'm with you. / I agree with you.

☐ そのアイデアには反対です。　I'm opposed to the idea.

☐ どちらでもかまいません。　Both sound good. / Either is fine for me.

☐ 状況が良く［悪く］なる　get better [worse]

☐ 予測できない　unpredictable

日本語で考えてから英語にしよう！

1. 自分の行動 + まとめ

○まず日本語で!　何をした？ ....

まとめると？ ....

○英語にしよう!　.............................. . In short, ...

2. 自分の報告 + まとめ

○まず日本語で!　何を報告した？ ....

まとめると？ ....

○英語にしよう!　.............................. . In short, ...

3. 自分の意見 + まとめ

○まず日本語で!　どんな意見を言う？ ....

まとめると？ ....

○英語にしよう!　.............................. . In short, ...

4. 周囲の状況 + まとめ

○まず日本語で!　いまどんな状況？ ....

まとめると？ ....

○英語にしよう!　.............................. . In short, ...

Pattern 2
16 1文＋過去・未来について言う（When～を続ける）

1文+
「～の時は、」

ここからは、5W1H（When：時、Where：場所、What：物事、Who：人、Why：理由、How：程度／方法）を言ったり尋ねたりする練習をしましょう。まずはWhenで、「いまはこうだけど、昔はこうだった（これからはこうなる）」という文を組み立ててみましょう。日本語でもよく使う言い方です。もちろん、2文1セットで言ってみましょう。

英文を音読しよう！

□ **I get up early every morning. When I was little, my parents told me to do so.**

私は毎朝早く起きます。小さい時に、両親がそうするように言ったのです。

□ **The leading actress was great. When she was in her 20s, she was a poor actress, though.**

主演女優がよかった。かつては演技が下手だったのに。

□ **Can you see the statue? A famous artist created it when he lived in this town.**

あの像が見えますか？　有名なアーティストがこの町に住んでいた時に造ったんだ。

○解説　過去や未来のことを語る時にwhenは必須の語です。過去ならば動詞を過去形にすること、未来ならばwillやbe going toなど、未来を表す表現を使うことを忘れないように。現在と対比しながら昔のことを英語で伝える練習をするのもよいでしょう。具体的な過去の時を表すには、～ years [months] agoなどを使えばよいのです。

More Examples

□ **I sometimes play the piano. When I was little, I took piano lessons once a week.**

時々ピアノを弾きます。小さい頃には週に1回レッスンを受けていました。

□ **It was a great performance! When you were small, you were very shy, though.**

とても良い演技だったね！　君は小さい頃、とても内気だったのに。

□ **Look at the tower! When I was a child, there was just an empty field there.**

あの塔を見て！　私が子どもの頃には、あそこはただの空き地だったのよ。

☐ A big typhoon is coming. When the wind is strong, you should stay at home.

大型の台風が迫ってきています。風が強い時には、家にいた方がよいですね。

☐ I've been to the Louvre Museum. About twenty years ago, I lived in Paris.

ルーブル美術館に行ったことがあります。20年ほど前、パリに住んでいたんです。

Idea Box

☐ 20代の時　in one's twenties
☐ 私が若い頃　in my youth
☐ コンサートホール　concert hall
☐ 建設する　build
☐ 演技　performance
☐ スピーチ　speech
☐ プレゼンテーション　presentation
☐ 活発な　active
☐ 内気な　shy
☐ 勇敢な　courageous
☐ 暴風雨　storm

日本語で考えてから英語にしよう！

1. いま、やっていること（仕事、学習、趣味など）＋過去のこと

○まず日本語で!　いま、どんなこと（仕事、学習、趣味など）をやっている？ ....
過去にはどうだった？ ....

○英語にしよう!　I .... When ....

2. 何かの体験や感想＋過去のこと

○まず日本語で!　いまやこれまでの体験を言おう！ ....
過去にはどうだった？ ....

○英語にしよう!　.............................. . When ....

3. 周囲にあるものの説明＋過去のこと

○まず日本語で!　周囲にあって相手に伝えたいものは？ ....
過去にはどうだった？ ....

○英語にしよう!　.............................. . When ....

4. 現在の状況＋未来のこと

○まず日本語で!　現在の状況は？ ....
どうなると予想される？ ....

○英語にしよう!　.............................. . When ....

翻訳機があれば英語を話す必要はない？
——出川哲朗に学ぶコミュニケーション——

自動翻訳機能が発達すれば、英語を学ぶ必要はないという人がいます。しかし、仮にすべての言葉が翻訳されたとしても、OKやYesのようにひとことしか返せなければ、コミュニケーションは円滑に進みません。

翻訳機というのはあくまでも、ある言語を別の言語に変換するものであって、コミュニケーションを促進するものではありません。一方的な情報伝達の手段でしかないのです。翻訳機が自動的に2文セットでしゃべってくれることはありえません。コミュニケーションのあり方を変えられなければ、どんな技術であっても十分とは言えないのです。

異国の人に愛を告白される時、翻訳機を使ってほしいでしょうか。もしくは誰かに感情や想いを伝える時に、あなたは翻訳機を介して伝えるのでしょうか。拙い言葉であっても、一生懸命に伝えようとする姿に人は心を打たれるはずです。というのは、コミュニケーションの主軸は言葉ではなく、「感情」だからです。極論を言えば、コミュニケーションに正しい言葉は要らないのです。コミュニケーションとは、その人の表情や思い、声色などあらゆるものを総動員して行うものですから。

自動翻訳機を通してのやりとりも、場面によっては重要です。慣れない土地で、慣れない言語を使わなければならない状況であればその存在はとても大きいと思いますし、外交や重要な会議などでは圧倒的な効率を見せることでしょう。しかし、これはあくまで補助的なものであるべきです。翻訳機ばかりに頼っているとしたら、それを通した自分の言葉が思ったとおりの意図で伝わっているのかわかりません。そうした状況はかなりストレスになると思います。

「世界の果てまでイッテQ!」というテレビ番組があります。これの特別編として、タレントの出川哲朗さんが海外に行っていろいろなミッションを行う「出川哲朗はじめてのおつかい in XX」というのがあり、私はとても気に入っています。彼はほぼ英語が使えないにもかかわらず、苦し紛れに英語でコミュニケーションを取ろうとし、道行く人に質問をしていくという内容です。もはや英語にならず日本語を使う場面もありますが、それぞれの土地の人たちは彼の話に耳を傾けようとします。

もちろんテレビ番組なので、一部に演出や視聴者を楽しませるような工夫もあるでしょう。しかし、見知らぬ人が、わけのわからない出川さんの話す英語をなぜ聞き取ろうとするのでしょうか。「この人を助けたい」と思わせるほど、必死でコミュニケーションを取ろうとする彼の姿があるからではないでしょうか。

物おじせずにどんどん話しかける出川さんは、なんとかいろいろな言い方で意思を伝えようとします。手法としては2文1セット法どころか、5文も6文も駆使し、とにかく言葉にしようとします。彼こそまさに真の国際人と言えるのではないでしょうか。語学力がなくても人はわかり合える、コミュニケーションとはこういうものだと教えてくれていると思います。

Pattern 2

17 1文＋時を尋ねる (When ～？で尋ねる)

1文+
「いつ～?」

前項ではWhenの「～の時」を使った練習をしました。今度は、Whenを文頭に使った疑問文を練習してみましょう。何かを発言したあと、時を尋ねる疑問文を続ければよいのです。

英文を音読しよう！

□ **You seem busy these days. When will you have time this week?**

この頃忙しそうですね。今週いつなら時間がありますか？

□ **The 6:30 bus is delayed. When will it arrive?**

6時30分のバスが遅れている。いつ来るだろう？

□ **I heard you'll go home to Singapore on Friday. When are you going to come back?**

金曜日にシンガポールへ帰るんだよね。いつ戻ってくるの？

○解説　日にちや時刻について尋ねる際にはWhenで始まる疑問文を使います。日常の会話では、日時について質問する機会が思いのほか多くあります。英語で言えるように何度も表現を口に出して覚えてしまいましょう。

More Examples

□ **I left my planner at home. When is the next meeting?**

手帳を家に忘れてきちゃった。次の会議はいつだっけ？

□ **You've been spending a lot of time writing the proposal recently. When is the deadline?**

この頃ずっと企画書を書いてますね。いつが期限なのですか？

□ **It's been a long time since I saw you last. When did we last meet?**

久しぶりですね。最後にお会いしたのはいつでしたか？

□ **Flight 517 seems to be delayed. When will it arrive?**

517便は遅れているようですね。いつ到着しますか？

□ **This singer is so good. When will she release her next album?**

この歌手はとてもいいね。いつ、次のアルバムを出すんだろう？

☐ I heard that your country doesn't celebrate the New Year in January. When do you celebrate it?

あなたの国は1月に新年をお祝いしないと聞きました。いつお祝いするのですか？

☐ Kyle has been working too much. When will he go on vacation?

カイルは働きすぎですよ。いつ休暇を取るのでしょうか？

☐ It's been really cold recently. When will it be warmer again?

最近とても寒いね。いつになったらまた暖かくなるのかな？

Idea Box

☐ いつ時間がある？　When are you free?
☐ バス［飛行機、電車］の次の便　next bus [flight / train]
☐ 到着する　arrive
☐ 時間どおりに　on time
☐ 飛行機で戻る　fly back
☐ 発売される　go on sale
☐ 期限　deadline / due

日本語で考えてから英語にしよう！

1. 自分の状況 ＋ 時を尋ねる

○まず日本語で！ 予定がわからなかったり、忘れた時の状況を言おう！ ....
どんな「時」を尋ねる？ ....

○英語にしよう！ .... When .... ?

2. 相手の様子 ＋ 時を尋ねる

○まず日本語で！ 相手の様子は？　いま何をしている？ ....
どんな「時」を尋ねる？ ....

○英語にしよう！ .... When .... ?

3. 電車やフライトのこと ＋ 時を尋ねる

○まず日本語で！ 電車や飛行機が遅れていたら、どんな「時」を尋ねる？ ....

○英語にしよう！ .... When .... ?

4. 特定の人・物事 ＋ 時を尋ねる

○まず日本語で！ 誰について話す？ ....
どんな「時」を尋ねる？ ....

○英語にしよう！ .... When .... ?

Pattern 2

18 1文＋時の情報を伝える

1文＋
「昨日、～をしたよ」

When ～?の疑問文を練習したあとは、「時の情報」を発言のあとに続ける練習をしましょう。「それはいつのことか」、「いつ～をするのか」、「いつの予定か」を言えばよいのです。

英文を音読しよう！

☐ **I'm studying Spanish these days. I'm going to Madrid next month.**
この頃スペイン語を勉強しています。来月、マドリードに行くんです。

☐ **I thought you were in New York. But you came back last week!**
あなたはニューヨークにいると思っていました。でも先週、帰って来たんだね！

☐ **You bought a cool T-shirt. Is it for your date tomorrow?**
かっこいいTシャツを買ったね。明日のデートのため？

○解説 特定の日時を含めて過去・未来のことを話すと、詳しい内容を伝えることができます。先ほどwhenを使った過去や未来の表し方を練習しましたが、特定の日時の表し方も覚えておきましょう。まずは1語で言えるyesterday、tonight、tomorrowから始めて、慣れてきたらlast（この前の～）やnext（次の）、this coming（今度の）とだんだん長い「具体的な時の情報」を言ってみましょう。月や曜日の英語も、すらすら口から出るようにしておくと慌てません。

More Examples

☐ **I've been studying English lately. Yesterday afternoon, I took the Eiken test.**
この頃ずっと英語を勉強していました。昨日の午後、英検を受けました。

☐ **Thank you for the present from Taiwan. Did you go there last week?**
台湾のお土産ありがとう。先週行ったの？

☐ **What beautiful flowers! Are they for the event tomorrow?**
なんてきれいな花でしょう！　明日のイベントのためですか？

☐ **I heard Ada will appear on stage. She will play the role of Juliet next month!**
エイダが舞台に出るんだって。来月、ジュリエットの役を演じるんだよ！

☐ **This is the end of the month. October is the most comfortable time of the year in terms of weather.**

今日は月末だ。10月は気候の面で1年で一番快適な時期だね。

☐ **We're running short of copy paper. Teddy ordered some on Monday.**

コピー用紙が切れそうだ。テディーが月曜日に注文したんだけど。

☐ **I'm disposing of a lot of things every day. I'm moving this coming Sunday.**

毎日、大量に物を処分している。今度の日曜日に引っ越しなんだ。

Idea Box

- ☐ 昨夜　last night
- ☐ たったいま　just now
- ☐ 数カ月前　a few months ago
- ☐ 10年前　a decade ago
- ☐ 午前中に　in the morning
- ☐ 明後日　the day after tomorrow
- ☐ 今週末　this weekend
- ☐ 2週間後に　in two weeks
- ☐ 最近　recently

日本語で考えてから英語にしよう！

1. 自分の状況・行動 ＋ 時の情報

○まず日本語で!　いまやっていることは？ ....

時の情報を続けよう！ ....

○英語にしよう! ....

2. 相手の状況・行動 ＋ 時の情報

○まず日本語で!　いまの相手の状況・行動は？ ....

時の情報を続けよう！ ....

○英語にしよう! ....

3. カレンダーを見て気づいたこと ＋ 時の情報

○まず日本語で!　カレンダーを見ると、今日はどんな日？ ....

時の情報を続けよう！ ....

○英語にしよう! ....

4. 特定の人・物事 ＋ 時の情報

○まず日本語で!　特定の人や物事について言おう！ ....

時の情報を続けよう！ ....

○英語にしよう! ....

Pattern 2
19 1文＋場所を尋ねる（Where～？で尋ねる）

1文+
「どこにありますか?」

5W1HのWhen（いつ）の次は、Where（どこ）の練習です。場所を尋ねる疑問文を続けてみましょう。

英文を音読しよう！

□ **I'd like to rent a car. Where can I do that?**
レンタカーを借りたいのです。どこに行けばよいですか？

□ **I feel sick. Where is a hospital?**
気分が悪いのです。病院はどこにありますか？

□ **I lost the document. Where should I go to get another one?**
用紙をなくしてしまいました。もう1枚もらうにはどこへ行けばよいですか？

○解説　時を尋ねる表現をマスターしたら、場所を聞く際の表現も覚えましょう。海外旅行などで知らない土地に行くと、Where～?はとても役立つ表現です。Where can [should] I～?が口から出てくるだけで「よかった！」と思える機会はたくさんあります。まずは目的（したいこと）を言ってからWhere～?と続けるパターンを覚えておきましょう。

More Examples

□ **I'd like to buy some herbal tea. Where can I get some?**
ハーブティーを買いたいのです。どこへ行けばよいですか？

□ **I love birds. Where can I see some?**
鳥が大好きなんです。どこで見られますか？

□ **You went skiing in Niseko, didn't you? Where is it in Hokkaido?**
ニセコにスキーに行ったんですね？　それは北海道のどこですか？

□ **I'd like to go to the tourist information center. Where is it?**
観光案内所に行きたいのです。どこにありますか？

□ **You look nice today. Where did you buy that coat?**
今日は素敵だね。どこでそのコートを買ったの？

☐ I have an appointment with Takahashi-san. Where is the conference room?

高橋さんと面会の約束があります。会議室はどこですか？

☐ I seem to have lost my key. I searched for it in my bag, but I didn't find it. Where is it?

鍵をなくしてしまったようだ。バッグの中を探したけれど見つからなかった。どこにあるんだろう？

Idea Box

☐ 郵便局　post office
☐ 駅　station
☐ どこに向かっているの？　Where are you heading?
☐ 場所　location
☐ 地点　point
☐ ～はどこで手に入りますか？　Where can I get ～?
☐ トイレ　bathroom / restroom
☐ 現在　currently

日本語で考えてから英語にしよう！

1. 自分のしたいこと ＋ 場所を尋ねる

○まず日本語で!　いま、したいことを言おう！ ……………………
どこにあるか尋ねよう！ ……………………

○英語にしよう!　…………………… . Where …………………… ?

2. 自分の状況 ＋ 場所を尋ねる

○まず日本語で!　いまの状況を言おう！ ……………………
どこにあるか尋ねよう！ ……………………

○英語にしよう!　…………………… . Where …………………… ?

3. 相手の様子・状況 ＋ 場所を尋ねる

○まず日本語で!　相手の様子・状況について言おう！ ……………………
どこにある [どこでした] かを尋ねよう！ ……………………

○英語にしよう!　…………………… . Where …………………… ?

4. 特定の人・物事 ＋ 場所を尋ねる

○まず日本語で!　いま、誰 [何] のことを言う？ ……………………
どこにいる [ある] か尋ねよう！ ……………………

○英語にしよう!　…………………… . Where …………………… ?

Pattern 2

20 1文＋場所情報を伝える

1文＋
「あそこにあります」

Where～？疑問文の次は、場所の情報を伝えるワークです。道案内をする時だけでなく、自分の希望や体験を話す上で「それは～にあるんだ」と付け加えることが意外に多くあるものです。1文を言ったあとで、「～にある」と言ってみましょう。

英文を音読しよう！

□ **I'd like to go to Victoria Falls. It's located in the south-east part of Africa.**

ビクトリアの滝に行きたいと思っています。それはアフリカの南東部にあります。

□ **This town is famous for its art museum. It's in the center of the town and a ten-minute walk from here.**

この町は美術館で有名です。町の中心部にあって、ここから歩いて10分です。

□ **The office is on the fourth floor. The elevator is over there on the left.**

そのオフィスは4階です。エレベーターは左手のあそこにあります。

○解説　場所の表現は、ほかの文のあとに、それを補うかたちでもよく使われます。ここで紹介する表現を使って練習してみましょう。

More Examples

□ **I've been to Vancouver many times. It's located in Western Canada.**

バンクーバーには何度も行ったことがあります。そこはカナダ西部にあります。

□ **A new station has opened. It's in Minato Ward between Shinagawa and Tamachi.**

新しい駅ができました。それは港区の、品川と田町の間にあります。

□ **Let me introduce Yuichiro. He was born and raised in California.**

ユウイチロウさんを紹介させてください。彼はカリフォルニアで生まれ育ちました。

□ **Go to Conference Room No. 3. Go down the hallway and turn left. It's the second room on the right.**

第3会議室へ行ってください。廊下をまっすぐ行って左に曲がります。右手の2番目の部屋です。

□ **I told the taxi driver to stop in front of the building.**

タクシーの運転手に、その建物の前に止まるよう伝えました。

□ **My school was in the middle of nowhere.**

私の学校の周りは何もありませんでした。

Idea Box

- □ ～は…という場所にある　～is located in / at ...
- □ ～の隣に　next to ～
- □ 道をはさんで反対側に　across the street
- □ ～の中心に　in the center of ～
- □ ～の前に　in front of ～
- □ ～のあたりに　near ～
- □ 左［右］に　on the left [right]
- □ 角を曲がったところに　around the corner
- □ ～と…の間に　between ～ and …
- □ ～の裏手に　behind ～
- □ ～の近くに　close to ～

日本語で考えてから英語にしよう！

1. 自分の希望や体験 ＋ 場所情報

○まず日本語で！　自分が行きたい場所、いったことのある場所は？ ……………………

場所の情報を続けよう！ ……………………

○英語にしよう！ ……………………. ……………………………………….

2. 物事についての説明 ＋ 場所情報

○まず日本語で！　物事について説明しよう！ ……………………

場所の情報を続けよう！ ……………………

○英語にしよう！ ……………………. ……………………………………….

3. 人・物事の紹介 ＋ 場所情報

○まず日本語で！　人か物事を紹介しよう！ ……………………

場所の情報を続けよう！ ……………………

○英語にしよう！ ……………………. ……………………………………….

4. 相手への説明 ＋ 場所情報

○まず日本語で！　相手に何かを説明しよう！ ……………………

場所の情報を続けよう！ ……………………

○英語にしよう！ ……………………. ……………………………………….

Pattern 2
21 1文＋具体的な情報を尋ねる (What ～？で尋ねる)

1文+
「何を(が)～?」

5W1HのWhen (いつ)、Where (どこ) の次はWhat (何) です。5W1Hの中でも、What～?が問う範囲はとても広く、それだけにいざという時に口から出てこなかったりします。このワークで「何を」、「何が」と尋ねる練習をしましょう。

英文を音読しよう！

□ **I'm here to help you. What should I do first?**
あなたを手伝いに来ました。まず何をしたらよいですか？

□ **There's an ambulance outside. What happened?**
救急車が外にいる。何があったんだろう？

□ **We have a lot of problems. What's the most important one?**
私たちには多数の問題があります。最も重要なものは何でしょう？

○解説 Whatを使って質問すると、相手からより具体的な情報を引き出すことができます。Whatは疑問詞の中でも頻繁に使いますから、特に力を入れて練習してみましょう！

More Examples

□ **We came here to help your team. What should we do first?**
私たちはあなたのチームを手伝いに来ました。最初に何をしたらよいですか？

□ **I want to go shopping for Shun's birthday present. What makes him happy?**
シュンの誕生日プレゼントを買いに行きたいのです。彼は何を喜ぶだろう？

□ **Last night, I heard a loud noise. What happened?**
昨夜、大きな音が聞こえた。何があったの？

□ **This proposal contains too much information. What is the most important issue?**
この企画書には情報が多すぎます。一番の重要点は何ですか？

□ **Mary screamed and left the room. What is wrong with her?**
メアリーが叫んで部屋から出て行っちゃった。彼女、どうしたの？

□ You're throwing all your stuff away. What makes you do something like that?

あなた、持ち物を全部捨てちゃうのね。どうしてそんなことするの？

Idea Box

- □ ～についてどう思いますか？　What do you think of ～?
- □ 大事な、重要な　important
- □ 驚くべき、意外な　surprising
- □ 何があったの？　What happened?
- □ どんな種類の～がありますか？　What kind of ～ do you have?
- □ どうしたら～（人）は喜ぶだろう？　What makes ～ happy [glad]？
- □ どうして～（人）は…をするのか？　What makes ～ *do*?

日本語で考えてから英語にしよう！

1. 自分の状況 ＋ 具体的な情報を尋ねる (1)

まず日本語で!　相手に自分の状況を説明しよう！ ……………………

具体的に尋ねたいことは？ ……………………

英語にしよう!　…………………… . What …………………… ?

2. 自分の状況 ＋ 具体的な情報を尋ねる (2)

まず日本語で!　相手に自分の状況を説明しよう！ ……………………

具体的に尋ねたいことは？ ……………………

英語にしよう!　…………………… . What …………………… ?

3. 周囲の状況 ＋ 具体的な情報を尋ねる

まず日本語で!　相手に周囲の状況を説明しよう！ ……………………

具体的に尋ねたいことは？ ……………………

英語にしよう!　…………………… . What …………………… ?

4. 相手への意見 ＋ 具体的な情報を引き出す

まず日本語で!　相手に言いたいことは？ ……………………

相手から引き出したい具体的な情報は？ ……………………

英語にしよう!　…………………… . What …………………… ?

Pattern 2

22 1文＋具体的な内容を伝える

1文＋
「これがしたいのです」

What～?の疑問文を練習した次は、「何を」、「何が」を伝えるワークです。1文目に続けて、具体的な内容を言ってみましょう。これも、まずは日本語で考えてから英語にすれば、言葉につまることがなくなります。

英文を音読しよう！

□ **My right foot is sore. I have a blister on my little toe.**

右足が痛いんです。小指にまめができています。

□ **Let me introduce our new employee. She has excellent skills in several languages.**

新入社員を紹介させてください。彼女にはいくつかの言語で高いスキルがあります。

□ **Why don't we go and see a movie tomorrow? I love horror movies.**

明日は映画を見に行きませんか？　ホラー映画が大好きなんです。

○解説　2文1セットの基本でもあり真骨頂とも言えるのが、「2文目で具体的な内容を言う」ことです。何かひとこと言ったあと、具体的に絞り込んだ内容を続けるのは、日本語でも日常的に行っていることです。expressionsを一度音読してみると、「こういうことか」とわかると思います。そのあと、自分のシチュエーションに当てはめて自由に応用してみましょう。

More Examples

□ **This is the busiest time of the year. We need help filling the orders.**

いまが年間で一番忙しい時期です。注文に対応する手助けが必要です。

□ **Today, I'll introduce a new product. It provides the best convenience in the industry.**

今日は新製品をご紹介します。業界最高の利便性を提供するものです。

□ **Let's go and see a movie this weekend. I'd like to see a romantic film.**

今週末は映画に行こう！　私は恋愛映画を見たいなあ。

□ **The copy machine doesn't work. I think there's a problem with the feeder.**

コピー機が動きません。紙送り機構に問題があると思うのですが。

☐ I'm having trouble using this computer. I might have to replace it with a new model.

このパソコンを使うのに手を焼いています。新しいモデルに変えなければいけないかもしれません。

Idea Box

- ☐ 頭痛 headache
- ☐ あざ bruise
- ☐ 熱がある have a fever
- ☐ ～語が流ちょうに使える proficient in ～
- ☐ （本や映画などの内容が）びっくりするような、刺激的な mind-blowing
- ☐ 素晴らしい brilliant / fantastic
- ☐ ～に困っている have trouble *doing*
- ☐ 事故 accident

日本語で考えてから英語にしよう！

1. 自分や周囲の行動や状況 + 具体的な内容

まず日本語で! いまの状況を言おう！ ....
具体的な内容は？ ....

英語にしよう! ....

2. 人・物事の説明 + 具体的な内容

まず日本語で! 誰［何］かについて説明しよう！ ....
具体的な内容は？ ....

英語にしよう! ....

3. 相手を誘う + 具体的な内容を伝える

まず日本語で! 相手を映画・イベントなどに誘おう！ ....
具体的な内容は？ ....

英語にしよう! ....

4. いまの問題 + 具体的な内容

まず日本語で! いまの問題を説明しよう！ ....
具体的な内容は？ ....

英語にしよう! ....

Pattern 2
23 1文+「誰が［を］」と尋ねる（Who ～？で尋ねる）

1文+
「誰が～?」

次は5W1HのWhoの出番です。ビジネスの場やエンターテインメントについての話、観光においてなど、「誰」を聞く場面はとても多く存在するものです。このワークで慣れておき、Who ～?の疑問文が2文目にぱっと出てくるようにしましょう。

英文を音読しよう！

☐ **The president announced that the company would start a new project. Who's in charge of it?**
社長は、新しいプロジェクトを開始すると発表しました。誰が担当でしょうか？

☐ **The painting is so beautiful. Who made it?**
あの絵はとても美しい。誰が描いたのだろう？

☐ **That seems to be an unknown actor playing the role. Who is he?**
無名の俳優がその役を演じているみたいだね。誰だろう？

○解説　Who～?は、Who is it?（それは誰ですか？）、Who *do* ～?（誰が～するのですか？）が基本です。シンプルな文型なので、ここで口ならししておけば、考え込んでしまうことなく言えるようになるはずです。

More Examples

☐ **The director announced that our company would make instruction manuals for emergencies. Who's in charge of them?**
役員が、会社が緊急時のためのマニュアルを作成すると発表しました。誰が担当ですか？

☐ **Due to the personnel transfers, a new manager is coming to our section next month. Who is it?**
人事異動があって、来月新しい課長が来るらしい。誰だろう？

☐ **That's a famous sculpture of the U.S. presidents, right? Who made it?**
あれが米国の大統領たちの有名な彫刻ですね。誰が作品を作ったのですか？

☐ **There's a new star in that action movie. Who's the lucky person?**
あのアクション映画には新人のスターが出ているね。そのラッキーな人は誰だろう？

□ **He's a world-famous actor. Who knew?**

彼は世界的に有名な役者だよ。全然わからなかったよね？

□ **Who were you talking with just now? She seems nice.**

たったいま話していたのは誰？　素敵な人だね。

※Whoを1文目に使って、2文目を続ける言い方も練習してみましょう。

Idea Box

□ ～を担当している　in charge of ～

□ ～（人）が…の責任者である　～is responsible for…

□ 部署　department

□ 命令する　order / command

□ 指揮する　direct

□ 出版する　publish

□ 制作する　create

□ 演じる　perform

日本語で考えてから英語にしよう！

1. 会社の動き＋「誰が［を］」と尋ねる（1）

○まず日本語で! 会社の動きについて言ってみよう！ ……………………

「誰が［を］」と尋ねよう！ ……………………

○英語にしよう! …………………… . Who …………………… ?

2. 会社の動き＋「誰が［を］」と尋ねる（2）

○まず日本語で! 会社の動きについて言ってみよう！ ……………………

「誰が［を］」と尋ねよう！ ……………………

○英語にしよう! …………………… . Who …………………… ?

3. 歴史や作品＋「誰が［を］」と尋ねる

○まず日本語で! 歴史上の建造物や作品について言おう！ ……………………

「誰が［を］」と尋ねよう！ ……………………

○英語にしよう! …………………… . Who …………………… ?

4. 映画・イベントなど＋「誰が［を］」と尋ねる

○まず日本語で! 気になっている映画・イベントについて言おう！ ……………………

「誰が［を］」と尋ねよう！ ……………………

○英語にしよう! …………………… . Who …………………… ?

Pattern 2

24 1文+「誰が［を］」の情報を伝える

1文+
「あの人が～」

Who ～?の疑問文を練習したところで、今度は2文目で「誰」の情報を言ってみましょう。前項と同じく、ビジネスやエンタメ、観光などについての話の中で、「誰」なのかを伝える場面は頻出します。2文目では具体的な人名や役職名のほか、形容詞を使って「～な人」を表現してもいいでしょう。

英文を音読しよう！

□ **It seems that the company will appoint a new manager. I heard that it'll be Cliff.**

会社は新しいマネジャーを任命するようだ。クリフがなるって聞いたよ。

□ **The picture was restored in the 1960s. Originally, it was painted by Michelangelo.**

その絵は1960年代に修復されました。元々は、ミケランジェロが描いたのです。

□ **I am going to the movie on Sunday. My favorite actress is appearing in the film.**

日曜日に映画に行きます。とても好きな女優が出ているんです。

○解説 「誰」を伝える文では主語に人名や役職名をもってきて、まず具体的に「誰」なのか言いましょう。それに動詞を続けていけばよい、と思うと楽に話せるようになると思います。

More Examples

□ **We decided to adopt Plan B for the mid-term business plan. Sara strongly insisted on it.**

中期経営計画にはBプランを採用することにしました。サラがそれを強く推したのです。

□ **Our company is going to introduce some new products. The manager of the project is Nick.**

うちの会社はいくつか新製品を導入します。そのプロジェクトのマネジャーはニックです。

□ **That castle was rebuilt in the Showa period. Originally, Nobunaga Oda constructed it.**

あの城は昭和になって再建されました。元々は、織田信長が建てたのです。

☐ **I'm going to the ice-skating show this weekend. Mao Asada is going to appear on the ice!**

今週末アイススケートのショーに行きます。浅田真央さんがリンクに登場するんです！

☐ **The company forged the document. Apparently, Sam was involved, too.**

その会社は文書をねつ造した。どうやら、サムも関わっていたらしい。

☐ **The meeting went on for three hours. Then the chairperson finally came up with a new proposal.**

会議は3時間続いた。最後に議長が新しい提案を考え出した。

Idea Box

☐ 異動、転校　transfer
☐ 主役　leading role
☐ 提案　proposal
☐ 事業計画　business plan
☐ 議長　chairperson
☐ ～に関与して　involved in ～
☐ 協力　corporation
☐ （イベントを）開催する　hold
☐ 出席する　attend

日本語で考えてから英語にしよう！

1. 会社の動き＋「誰が［を］」の情報 (1)

○まず日本語で!　会議の結果を言ってみよう！ ....
キーパーソンが誰だったかを続けよう！ ....

○英語にしよう!　... ....

2. 会社の動き＋「誰が［を］」の情報 (2)

○まず日本語で!　会社の動きについて言ってみよう！ ....
誰が担当するのかを続けよう！ ....

○英語にしよう!　... ....

3. 歴史の説明＋「誰が［を］」の情報

○まず日本語で!　歴史上有名な物事を説明しよう！ ....
誰がそれに関与したのかを続けよう！ ....

○英語にしよう!　... ....

4. 映画・イベントなど＋「誰が［を］」の情報

○まず日本語で!　予定を話そう！ ....
「誰が［を］」の情報を続けよう！ ....

○英語にしよう!　... ....

インプット用とアウトプット用の英語がある
――本当によく使う、必要な単語・表現だけを覚えよう――

私はカナダのバンクーバーでTESOL (Teaching of English to Speakers of Other Languages: 他言語話者に対する英語教授法) を修得しました。そこはネイティブスピーカーばかりの環境で、手加減なしの本場の英語が飛び交い、ジョークや生活習慣などについていけないことがよくありました。最も苦労したのは宗教の話題で、そもそも意味すら取れない質問もありました。Are you a Witness? (あなたは「エホバの証人」ですか？) がそれです。

witnessは「目撃者」と覚えていたので、最初はこの辺で何か事件でもあったのかなと思いました。この問いかけが理解できなかったのでCan you say it in a different way? (別の言い方で言ってもらえますか？) と聞いたところI don't know how to say it in other words. (ほかの言葉でどう言ったらいいかわからない) と返されました。

実は、その会にはたまたま「エホバの証人」という宗教団体の人たちがいたので、この質問をされることが多かったのです。このほかにも、理解できないもどかしさを感じる場面は多く存在しました。

この経験があったので、Witnessが大文字で使われると「エホバの証人」という意味を表すことを知り、覚えることができました。しかし、普段の生活においては、あなたがこの宗教団体に入っていない限り、ほとんど使うことのない単語だと思います。

以前、「逆上がり」「三日坊主」などを「英語で言えますか？」と問いかける内容の書籍を見たことがあります。しかし、該当する英単語を知らなくても、「逆上がり」なら写真を見せ、「三日坊主」なら He gives up easily. などと表現すれば簡単に伝えることができます。

知らない英語の単語や表現に出合ったら、「これは本当に覚える必要があるか」と自分に問いかけてみてください。実は多くの書籍が、読者の生活から乖離した単語や表現を掲載しています。そうした単語や表現ははっきり言って覚える必要がありません。

必要のないことまで覚えると、学習が非効率になります。自分がよく使う、もしくは使うであろう単語や表現だけを覚えていきましょう。最も簡単な方法は、数日間の自分の使った日本語を録音したり、書き取ったりして、それをあとで英語に直すことです。日々これを繰り返すだけでも、かなりの効果があります。

つまり、英語には自分ではほとんど発することのないであろう「インプット用の単語・表現」と、書籍などではあまり紹介されないけれど自分はよく使うであろう「アウトプット用の単語・表現」があるのです。英語を話せるようになりたいなら、自分がどんな言葉を必要としているかを常に気にかけて、自分の「アウトプット用の単語・表現」の蓄積を増やしていきましょう。そのためには、新しい単語や表現を見つけたら「これを使ってみたいかどうか」を一度自分の胸に問いかけ、「使おう」と思うものだけを記録していくといいでしょう。これだけで、結果は大きく変わってくるはずです。

Pattern 2

25 1文＋理由・原因を尋ねる（Why ～？で尋ねる）

1文+
「なぜ～?」

5W1Hのワークも5Wの最後、Why（なぜ）まで来ました。物事の理由や原因を尋ねると会話がより具体的になり、効率的に話が進められ、いっそう話が弾んで長く続くようになります。1文目に続けてWhy ～？を言う練習をしましょう。

英文を音読しよう！

□ **The boss seems to be angry with me. Why is he mad?**
上司は私に腹を立てているようだ。なぜ怒っているのだろう？

□ **I heard you wanted to get a divorce. Why is that?**
あなたが離婚したがっていると聞きました。なぜですか？

□ **Your report is good. Why did you choose that topic?**
あなたのレポートは良いですね。なぜあのトピックを選んだのですか？

○解説 Why～？の疑問文で会話の相手の考え方や行動の理由について聞くことで、相手をより深く知ることができます。なお、What～？の項で紹介した、What makes you ～？（どうして～をしたの？）は、Why ～？の疑問文と類似した場面で使えます。復習しておきましょう。

More Examples

□ **Alex seems to be in a bad mood. Why is he mad?**
アレックスは機嫌が悪いみたい。なぜ怒っているのだろう？

□ **Jeff seemed to be getting along with Mila. Why did they break up?**
ジェフはミラとうまくやっているようだったのに。なぜ別れたんだろう？

□ **Daisuke had just been promoted. Why did he quit his job?**
ダイスケはちょうど昇進したところだったんだ。なぜ仕事を辞めたんだろう？

□ **I heard you wanted to quit the company. Why is that?**
あなたが会社を辞めたがっていると聞きました。なぜですか？

□ **I like your works. Why did you become an artist?**
あなたの作品が好きです。なぜアーティストになったのですか？

☐ Mabel is getting popular these days. Why does she enjoy wide popularity?

メイベルはこの頃人気が出てきている。なぜ広く人気を得ているのだろう？

Idea Box

☐ 辞める　quit
☐ 魅力的な　attractive
☐ ～について話す　mention
☐ ～に引っ越す　move to ～
☐ 顔立ちの良い　good-looking
☐ 感情的な　emotional

日本語で考えてから英語にしよう！

1. 特定の人の言動 ＋ 理由を尋ねる

まず日本語で! 共通の知人の言動について話そう！ ....
理由を尋ねよう！ ....

英語にしよう! .... Why .... ?

2. 相手について聞いたこと ＋ 理由を尋ねる

まず日本語で! 相手について聞いたことを話そう！ ....
理由を尋ねよう！ ....

英語にしよう! .... Why .... ?

3. 相手の作品や成果物のこと ＋ 理由を尋ねる

まず日本語で! 相手の作品や成果物について言おう！ ....
理由を尋ねよう！ ....

英語にしよう! .... Why .... ?

4. タレントや有名人のこと ＋ 理由を尋ねる

まず日本語で! タレントや有名人について言おう！ ....
理由を尋ねよう！ ....

英語にしよう! .... Why .... ?

Pattern 2

26 1文＋理由を伝える（becauseを続ける）

1文+「～だからです」

Why ～?を練習したら、次は2文目をbecauseで始めるワークです。何かを言ったあとに理由を続けると、説得力が増します。プレゼンテーションやスピーチ、会議の場はもちろん、日常会話でも使えるテクニックなので、ぜひ試してみましょう。

英文を音読しよう！

□ **I like cats because they're cute.**

私はネコが好きです。かわいいからです。

□ **I like Southeast Asian countries because I enjoy their atmosphere and food.**

私は東南アジアの国々が好きです。雰囲気や食べ物が気に入っているからです。

□ **I want to be a nurse because I like to take care of others.**

私は看護師になりたいのです。人の世話をするのが好きだからです。

○解説　意見や希望の背景に「理由」があると思います。その「理由」まで含めて2文1セットで言うのが習慣になると、周りも「あの人は理由があって言っているのだから」と、普段の会話でより耳を傾けてくれるようになるでしょう。

More Examples

□ **I like European countries because their buildings are so pretty and historical.**

ヨーロッパの国々が好きです。建物がとても美しく歴史に根差しているからです。

□ **I had to go there with her because she was scared of being alone.**

私がそこへ行かなければならなかったのは、彼女がひとりになるのを怖がったからだ。

□ **I want to be a doctor because I want to help people in need.**

私が医者になりたいのは、困っている人を助けたいからです。

□ **I like animals because I feel relaxed with them. I especially like dogs.**

動物が好きなのは、一緒にいるとリラックスするからです。特にイヌが好きです。

☐ **I want to be a teacher because I was inspired by my teachers when I was a student.**

私は教師になりたいのです。学生だった頃に先生たちに勇気づけられたからです。

☐ **I want to go to London because I want to experience the culture and visit some museums.**

ロンドンに行きたいのです。そこの文化に触れたいから、そして博物館を訪れたいからです。

Idea Box

☐ ネコ　cat
☐ イヌ　dog
☐ ウサギ　rabbit
☐ 動物　animal
☐ イタリア　Italy
☐ ヨーロッパ　Europe
☐ 台湾　Taiwan
☐ アイスランド　Iceland
☐ 教員 [医師] になる　become a teacher [doctor]
☐ 英語 [中国語] の勉強をする　study English [Chinese]

日本語で考えてから英語にしよう！

1. 自分の好きなもの・こと ＋ 理由

まず日本語で！　好きなもの・ことは？ ………… その理由は？ …………

英語にしよう！　I like ………… because ………….

2. 自分の行きたいところ ＋ 理由

まず日本語で！　行きたいところは？ ………… その理由は？ …………

英語にしよう！　I want to go ………… because ………….

3. 自分のしたいこと ＋ 理由

まず日本語で！　したいことは？ ………… その理由は？ …………

英語にしよう！　I want to ………… because ………….

4. 自分がいまやっていること ＋ 理由

まず日本語で！　いまやっていることは？ ………… その理由は？ …………

英語にしよう！　I ………… because ………….

Pattern 2
27 1文+「どのくらい」と尋ねる（How+【形容詞／副詞】～？で尋ねる）

1文+「どのくらい～?」

5W1Hの最後、Howにはいろいろな使える用法や意味があって、とても役立ちます。まずは、Howの後ろに形容詞または副詞を続けて「どのくらい～？」と聞くワークから始めましょう。

英文を音読しよう！

□ **Your brother is very tall. How tall is he?**
あなたのお兄さんはとても背が高い。どのくらいの身長ですか？

□ **This postcard is wonderful. How much is it?**
この絵はがきは素敵。いくらですか？

□ **You always read a book at lunchtime. How many books do you read a month?**
いつも昼休みに本を読んでいるね。1カ月に何冊読むの？

解説　How ～?「どのくらい～？」のパターンを使ってみましょう。Howの後ろに、距離、大きさ、高さ、長さ、寒暖などを表す形容詞や副詞を入れるだけです。金額を聞くときは、おなじみのHow much ～?を使えばよいのです。

More Examples

□ **Your TOEIC score is excellent. How much did you study for the exam?**
君のTOEICのスコアは素晴らしい。どのくらい勉強したの？

□ **I'd like to visit Bhutan. How far is it from here?**
ブータンを訪れたいんです。ここからどのくらい離れていますか？

□ **This glasswork is beautiful. How much is it?**
このガラス細工、きれいですね。おいくらですか？

□ **You said you would take the Eiken test. How many days a week do you study?**
あなたは英検を受けると言っていましたね。週に何日勉強していますか？

□ **You look a bit tired. How long do you sleep everyday?**
あなたはちょっと疲れているようです。1日にどのくらい眠っていますか？

☐ **He's late. How soon will he come?**

彼は遅いね。いつになったら来るだろう？

☐ **You sometimes go to foreign countries. How often do you go abroad?**

あなたは時々外国に行きますね。どのくらいの頻度で渡航していますか？

☐ **You always read an English newspaper. How hard is studying English?**

あなたはいつも英語の新聞を読んでいますね。英語の勉強はどのくらい大変ですか？

Idea Box

☐ 背が高い［低い］　tall [short]
☐ きれいな　beautiful
☐ テストを受ける　take an exam
☐ 疲れて見える　look tired
☐ 英語を勉強する　study English
☐ ピアノ［ギター］を弾く　play the piano [guitar]
☐ どのくらいの頻度で～？　How often～?
☐ どのくらいの距離で～？　How far～?

日本語で考えてから英語にしよう！

1. 自分のしたいこと＋「どのくらい」と尋ねる

○まず日本語で!　自分のしたいことを言おう！ ....
距離、時間などを聞いてみよう！ ....

○英語にしよう!　.. . How ....?

2. 相手や相手の家族のこと＋「どのくらい」と尋ねる

○まず日本語で!　相手やその家族について話そう！ ....
特徴を尋ねよう！ ....

○英語にしよう!　.. . How ....?

3. 相手の製品・作品のこと＋金額を尋ねる

○まず日本語で!　製品や作品を褒めよう！ ....
金額を尋ねよう！ ....

○英語にしよう!　.. . How ....?

4. 相手の状況・様子＋「どのくらい」と尋ねる

○まず日本語で!　相手の状況・様子について言おう！ ....
それについてHowで聞いてみよう！ ....

○英語にしよう!　.. . How ....?

Pattern 2

28 1文＋「どのくらい」の情報を伝える

1文＋
「2週間です」

How ～？（どのくらい～？）の疑問文を練習したところで、次は具体的に「どのくらい」なのか2文目で伝える練習をしましょう。具体的な数値を使って「どのくらい」なのかを伝える必要がある場合も少なくありません。

英文を音読しよう！

□ **It's a fine day today. There's not a cloud in the sky.**
今日は晴れている。空には雲ひとつないよ。

□ **My grandmother is staying at my home now. She will be here for a week.**
いま祖母が家に来ています。1週間滞在する予定です。

□ **The station isn't so far from here. You will reach it within ten minutes.**
駅はここからそんなに遠くありません。10分以内に着きます。

○解説　「どれくらい」なのかを表す表現には、型の決まったものが多いと言えます。例えば「2週間に1度」という頻度は once every two weeks などと表し、ほかの言い方で伝えるのは難しいものです。こうした決まった形の表現を、なるべくたくさん身につけましょう。

More Examples

□ **It's very cold today. It starts to snow at the end of March.**
今日はとても寒い。3月の終わりなのに雪が降り始めている。

□ **It's a nice day today. It's the first good weather in a week.**
今日は晴れている。1週間ぶりの好天だ。

□ **Theo has been absent from work recently. He's been in the hospital for a week.**
テオはこのところ仕事を休んでいる。1週間入院しているんだ。

□ **A student from Hong Kong is staying at my home now. She will be here for six months.**
香港から来た学生がいま家にいます。6カ月間滞在する予定です。

□ **The post office is near the station. It's five minutes from here.**

郵便局は駅の近くです。ここから5分ですよ。

□ **This sci-fi film is so interesting. I've seen it four times.**

このSF映画はとても面白い。私は4回も見ました。

Idea Box

- □ 高さ10メートル　ten meters tall
- □ 3日に1回　once every three days
- □ 5キロメートル先　five kilometers away
- □ 2分以内に　within two minutes
- □ 5分から10分くらい　about five to ten minutes
- □ 30分以上の間　for over half an hour
- □ 4時間　for four hours
- □ 欠点のない　spotless
- □ 時々　every now and then
- □ たまに　once in a while

日本語で考えてから英語にしよう！

1. 天気・天候 + 具体的な数量・程度

○まず日本語で!　天気・天候について話そう！ ....

具体的な数量・程度を伝えよう！ ....

○英語にしよう!　.. . ...

2. 自分や周囲の状況 + 具体的な数量・程度

○まず日本語で!　いまの状況は？ ....

具体的な数量・程度を伝えよう！ ....

○英語にしよう!　.. . ...

3. 場所の説明 + 具体的な数量・程度

○まず日本語で!　場所について説明しよう！ ....

具体的な数量・程度（距離・所要時間など）を伝えよう！ ....

○英語にしよう!　.. . ...

4. 映画・イベントの感想 + 具体的な数量・程度

○まず日本語で!　最近の映画・イベントの感想を言おう！ ....

具体的な数量・程度（距離・所要時間など）を伝えよう！ ....

○英語にしよう!　.. . ...

Pattern 2

29 1文+「どうやって」と尋ねる (How ～?で尋ねる)

1文+ 「どうやって～?」

何かを発言したあと、「どうやって～?」と尋ねる時もHow ～?の出番です。今回はHowで方法や手段を尋ねてみましょう。会話のバリエーションを広げる上でHow～?はとても効果的なので、ぜひここで身につけておきましょう。

英文を音読しよう!

□ **You've changed jobs. How did you find the company?**
仕事を変えたんだね。どうやってその会社を見つけたの?

□ **Your documents are easy to understand. How do you write them?**
あなたの書類はわかりやすい。どのように書いているのですか?

□ **I don't know this English word. How do you pronounce it?**
この英単語を知りません。どのように発音するのですか?

○解説 「どうやって」「どのように」という疑問を感じたら、How ～?で手段や方法を尋ねてみましょう。やや難しいと感じたら、How do you ～?が基本のかたちなので、まずはこれだけ覚えることをお勧めします。なお、このHow～?と意味も用法も似ているIn what way ～?を使って質問してもよいでしょう。

More Examples

□ **I heard you live in an area without train stations. How do you get to work?**
電車の駅のない地域に住んでいると聞いたよ。どうやって仕事に行っているの?

□ **You speak English fluently. How do you study English?**
あなたは流ちょうに英語を話しますね。どうやって英語を勉強していますか?

□ **The new boss is scary. How do you feel when you talk with him?**
新しい上司が怖いんです。彼と話すとき、あなたはどう感じますか?

□ **I'm into tennis these days. How do you spend your free time?**
私はこの頃テニスに夢中なんです。あなたは空いている時間をどうやって過ごしていますか?

□ **I haven't heard the rumor. How did you know?**
私はそのうわさを聞いていません。あなたはどうやって知りましたか?

☐ **I don't have enough experience and skills. How can I acquire them?**

私には十分な経験もスキルもありません。どうやれば身につけられるでしょうか？

☐ **I just want to be friends with him. How should I tell him?**

彼とただ友達になりたいのです。どうやって彼に伝えたらよいでしょうか？

Idea Box

☐ 方法　method

☐ 発音する　pronounce

☐ 感じる　feel

☐ 流ちょうな　fluent

☐ 振る舞う　behave

☐ 歩いて　on foot

☐ うわさ　rumor / gossip

☐ 交通機関　transportation

日本語で考えてから英語にしよう！

1. 相手の状況・様子 ＋ 手段を尋ねる

○まず日本語で！ 相手の状況・様子に言及しよう！ ....

手段を尋ねよう！ ....

○英語にしよう！ .... How ....?

2. 相手を褒める ＋ 方法を尋ねる

○まず日本語で！ 相手を褒めよう！ ....

様子や方法を尋ねよう！ ....

○英語にしよう！ .... How ....?

3. 自分の気持ちや行動 ＋ 相手はどうなのかを尋ねる

○まず日本語で！ 自分の気持ちや行動について話そう！ ....

相手はどう感じるかを尋ねよう！ ....

○英語にしよう！ .... How ....?

4. 自分の気持ちや行動 ＋ 相手に意見を求める

○まず日本語で！ 自分の気持ちや行動について話そう！ ....

相手に意見を求めよう！ ....

○英語にしよう！ .... How ....?

Pattern 2

30 1文＋効果・方法・解決策について話す

1文+
「〜するとよい」

次は、発言のあとに具体的な効果や方法・解決策を続けてみましょう。日本語でも、何かを言ったあとに効果や解決策を続けて言うことは多いはずです。英語でも難しくありません。日本語から考えていけばよいのです。

英文を音読しよう！

☐ **I recommend this book to you. It will change life.**

この本をあなたに薦めます。生き方が変わりますよ。

☐ **I know the best way to maintain one's health. It's not to worry about things!**

健康を保つ一番よい方法を知っているよ。悩まないことだよ！

☐ **The company doesn't have enough money. We must develop breakthrough products.**

会社には十分なお金がありません。画期的な商品を開発しなければなりません。

○解説　提案や課題・問題などをただ述べるだけでなく、具体的な効果や解決策を説明できると会話が前向きに進みます。ただ不満を言うだけでなく、どう改善できるか言えるとポジティブに捉えてもらえます。裏付けの情報とともに相手に勧誘や提案ができると理想的です。

More Examples

☐ **I recommend this seminar on business management. The instructor will tell you how you can succeed.**

会社経営についてこのセミナーを勧めます。講師がどのようにすれば成功できるのかを教えてくれます。

☐ **I recommend you read this book. It's filled with useful information about telework.**

この本を読むことを勧めるよ。テレワークについての役立つ情報が満載されているんだ。

☐ **Taiga told me the best way to master English. Practicing every day is the key.**

タイガが、英語をマスターする一番よい方法を教えてくれました。毎日練習することが鍵です。

□ We'll discuss the current problems today. We must develop new measures to manage the situation.

本日は現在の問題を話し合います。状況を切り抜ける新しい方法を考えなければなりません。

□ We don't have enough face masks. We must develop an effective way to increase face mask production.

マスクが足りていない。増産する効果的な方法を開発しなければならない。

□ The new virus is rapidly spreading. I hope an effective remedy for the disease will be discovered.

新しいウィルスが急速に広がりつつある。この病気の効果的な治療法が発見されることを望む。

Idea Box

□ 勧める　recommend
□ 提案する　suggest / propose
□ ～した方がよい　You had better *do*.
□ ～しなければならない　must
□ ～する方法　the way to *do*
□ 効果的な　effective
□ 改善する　improve
□ 見直す　review

日本語で考えてから英語にしよう！

1. 相手への提案 + 具体的な効果・方法

まず日本語で！ 相手に提案したいことは何？ ....
そのための具体的な効果・方法を言おう！ ....

英語にしよう！ ....

2. 人から聞いた情報 + 具体的な効果・方法

まず日本語で！ 人からどんな情報を聞いた？ ....
そのための具体的な効果・方法を言おう！ ....

英語にしよう！ ....

3. 現在の問題 + 具体的な解決策 (1)

まず日本語で！ 現在の問題は何だろう？ ....
具体的な解決策について話そう！ ....

英語にしよう！ ....

4. 現在の問題 + 具体的な解決策 (2)

まず日本語で！ 現在の問題は何だろう？ ....
具体的な解決策について話そう！ ....

英語にしよう！ ....

Pattern 2
31
1文＋様子を尋ねる（How ～？で尋ねる）

1文＋「どうですか？」

How～？の疑問文も3つ目、これで最後になりました。ここでは「どうですか？」と様子を尋ねる疑問文を続ける練習をしましょう。ビジネス・プライベートを問わず、相手と久しぶりに会った時にもよく使われる表現です。

英文を音読しよう！

☐ **That long meeting is finally over. How did the meeting with Company A go?**
長い会議がようやく終わりましたね。A社との打ち合わせはどうでしたか？

☐ **You came back from Korea yesterday. How was your business trip?**
昨日韓国から帰って来たんだね。出張はどうだった？

☐ **I haven't seen you for a long time. How have you been?**
久しぶりだね。どうしてた？

○解説　Howで始まる型の決まったフレーズは数え切れないほど存在します。よく使う表現を覚えて、会話の中で何度も使って練習しましょう。紹介した表現以外にも、How about you?（あなたはどう［思う］？）や、How about *doing*?（～するのはどう？）なども頻出の会話表現です。

More Examples

☐ **I saw your mother the other day. How is your family?**
先日、あなたのお母さんを見かけました。ご家族はいかがですか？

☐ **You seem busy these days. How are you doing?**
このところ忙しそうですね。調子はどうですか？

☐ **I hear you went to Munich with your family. How was your trip?**
家族とミュンヘンに行ったそうだね。旅行はどうだった？

☐ **I heard you changed jobs. How's your new one going?**
転職したと聞きました。新しいお仕事はいかがですか？

☐ **I think the economy is improving. How's your work?**
景気が上向いているように思います。お仕事はいかがですか？

□ **It's been a long time. How are you doing?**
久しぶりですね。いかがお過ごしですか？

□ **I haven't seen you in a while. How's it going?**
久しぶりだね。調子はどう？

Idea Box

□（イベントなどを）どう思った？　How did you find it?
□ どのように進んだ？　How did it go?
□ なぜ？　How come?
□ 肉の焼き加減はいかがいたしましょうか？　How would you like the meat?
□ 調子はどう？　How's everything?
□ ～はどうだった？　How was ～?
□（服を試着して）どう見えますか？　How do I look?
□ 日本はいかがですか？　How do you find Japan?

日本語で考えてから英語にしよう！

1. 相手の状況 ＋ 様子を尋ねる (1)

まず日本語で!　相手の状況について言おう！ ……………………
相手に様子を尋ねよう！ ……………………

英語にしよう!　…………………… . How …………………… ?

2. 相手の状況 ＋ 様子を尋ねる (2)

まず日本語で!　相手の状況について言おう！ ……………………
相手に様子を尋ねよう！ ……………………

英語にしよう!　…………………… . How …………………… ?

3. 世の中の状況 ＋ 相手の様子を尋ねる

まず日本語で!　現況を話そう！ ……………………
相手に様子を尋ねよう！ ……………………

英語にしよう!　…………………… . How …………………… ?

4. 相手へのあいさつ ＋ 様子を尋ねる

まず日本語で!　相手にあいさつをしよう！ ……………………
相手に様子を尋ねよう！ ……………………

英語にしよう!　…………………… . How …………………… ?

Pattern 2

32 1文＋様子を伝える

1文＋
「体調いいよ」

次は、1文目に続けて人の様子や物事の状況を具体的に伝える練習をしましょう。様子を言ったり尋ねたりするのはコミュニケーションの基本で、ビジネスやプライベートの人間関係がここから始まります。

英文を音読しよう！

□ **I went to Sapporo on a business trip. It was freezing and I caught a cold.**

札幌に出張したんだ。凍えそうに寒くて風邪をひいちゃったよ。

□ **I began learning English conversation two months ago. I can speak a little now.**

2カ月前に英会話の勉強を始めたんだ。いまは少し話せるよ。

□ **I met Akira last week. He seemed to be in good health.**

先週、アキラに会ったんだ。元気そうだったよ。

○解説　会話はたいてい互いの近況を聞き合うことから始まります。最初にスムーズな会話のラリーができると、相手も自分も心地よく話を弾ませることができます。自分の状況や誰かの様子を伝える表現をマスターしましょう。

More Examples

□ **I went to New York on a business trip. I haven't got rid of my jet lag yet.**

ニューヨークに出張していました。まだ時差ぼけから抜けられません。

□ **I began doing yoga six months ago. Now I'm in pretty good shape.**

6カ月前にヨガを始めたのさ。いまではかなり体調がいいんだ。

□ **I'm learning Italian these days. I can talk a little more about my daily life.**

この頃イタリア語を習っています。日常生活について前よりも話せるようになりました。

□ **The economy is bad. Given the present situation, I don't think business will improve soon.**

景気が悪いですね。現況を考えると、経済がすぐに良くなることはないと思います。

☐ I met Tatsuya yesterday. He seemed to be in excellent health.

昨日タツヤに会ったんだ。すごく元気そうだったよ。

☐ The shop's profits have been going up. That's why my boss is in a good mood.

店の利益が上がり続けている。だから上司の機嫌がいいんだ。

☐ Teleworking has become popular. I think a lot of people realize they don't need to work in the company's office.

テレワークが普及してきた。会社のオフィスで働く必要はないと実感している人が多いと思う。

Idea Box

☐ そんなに悪くないよ。 Not too bad.
☐ そこまで良くはないかな。 Could be better.
☐ いい感じだよ。 I'm doing fine.
☐ くたくたの　exhausted
☐ 最悪の　terrible / horrible
☐ 〜のようだ　seem / appear / look like 〜
☐ どうやら　apparently
☐ 機嫌　mood

日本語で考えてから英語にしよう！

1. 自分の行動・状況 + 様子 (1)

まず日本語で! 自分のことを言おう！ ……………………

続けて、自分の様子を言おう！ ……………………

英語にしよう! …………………… . …………………… .

2. 自分の行動・状況 + 様子 (2)

まず日本語で! 自分のことを言おう！ ……………………

続けて、自分の様子を言おう！ ……………………

英語にしよう! …………………… . …………………… .

3. 世の中の状況 + 様子

まず日本語で! 世の中の現況を話そう！ ……………………

続けて、様子について言おう！ ……………………

英語にしよう! …………………… . …………………… .

4. 特定の人・物事の状況 + 様子

まず日本語で! 知人のことを言おう！ ……………………

続けて、様子について言おう！ ……………………

英語にしよう! …………………… . …………………… .

Pattern 2
33 1文＋対比
(In comparison withを続ける)

1文+
「～と比べて」

２文１セット、いよいよ最後のワークです。日本語でもよく使う、何かと何かの対比です。In comparison withを使って表現できます。意外と簡単なので、ぜひトライしましょう。

英文を音読しよう！

☐ **Chinese people don't have cold foods. In comparison with Japanese people, they eat a lot of hot dishes.**

中国人は冷たいものを食べません。日本人と比べて、彼らは温かい料理をよく食べるのです。

☐ **Your presentation was great. In comparison with the others, it was well-researched and easy to understand.**

あなたのプレゼンテーションは素晴らしかった。ほかの人と比べて、よく調べられていてわかりやすかったですよ。

☐ **That is the Tone River, which is 322 km long. In comparison with the Shinano River, though, it is short.**

あれが利根川で、延長は322キロメートルです。とはいえ信濃川と比べると、こちらの方が短いのです。

○解説　何かと何かを比べる表現は、思っているよりも頻繁に会話に使われます。比較することで人や物事の特徴を際立たせることができるからでしょう。In comparison withに慣れたら、Compared to ～ や As opposed to～ などを使って、会話に幅を持たせてみましょう。

More Examples

☐ **The Japanese language is difficult to learn. In comparison with English, the expressions can be very vague.**

日本語は身につけるのが困難です。英語と比べて、とてもあいまいな表現が多いのです。

☐ **This new product is great. In comparison with other companies' products, it's very light.**

この新製品は素晴らしい。他社製品と比べて、これはとても軽い。

☐ **That's Tokyo Tower, built in 1958. In comparison with Tokyo Skytree, it's not very high.**

あれが東京タワーで、1958年に建てられました。東京スカイツリーと比べると、東京タワーはそんなに高くありません。

☐ **I need a fast, new computer. Mine is slow in comparison with the latest models.**

新しくて速いコンピューターが必要です。私のは、最新モデルと比べると遅いのです。

☐ **Compared with two decades ago, our life has become very fast and convenient.**

20年前と比べると、私たちの生活はとてもペースが速くて便利になりました。

☐ **He's a prominent rugby player in Japan. Compared with him, everyone else looks tiny.**

彼は日本の著名なラグビー選手です。彼と比べると、ほかの皆が小さく見えます。

Idea Box

☐ 複雑な complex ⟷ 簡素な simple
☐ きちんとした tidy ⟷ 乱雑な messy
☐ 近代的な modern ⟷ 伝統的な traditional
☐ うるさい loud ⟷ 静かな quiet
☐ 明るい bright ⟷ 暗い dark
☐ 安い cheap ⟷ 高価な expensive

日本語で考えてから英語にしよう！

1. 物事の様子 ＋ 別の物事との対比

○まず日本語で! 物事の様子を話そう！ ....
別の何かと対比しよう！ ....
○英語にしよう! ....In comparison with ～, ...

2. 特定の人に対する感想 ＋ 別の人との対比

○まず日本語で! 人について感想を話そう！ ....
別の誰かと対比しよう！ ....
○英語にしよう! ....In comparison with ～, ...

3. 客観的な事実 ＋ 別の物事との対比 (1)

○まず日本語で! 客観的な事実を話そう！ ....
別の何かと対比しよう！ ....
○英語にしよう! ....In comparison with ～, ...

4. 客観的な事実 ＋ 別の物事との対比 (2)

○まず日本語で! 客観的な事実を話そう！ ....
別の何かと対比しよう！ ....
○英語にしよう! ....In comparison with ～, ...

質問をする習慣を身につけよう！

英語での会話を弾ませるために、本書では1文だけの会話ではなく、2文目を続ける「2文1セット」という方法を提案しました。その中でも、同じ質問を2回重ねたり、その他の問いかけを続けるワークを多く扱いました。意外に手こずった人が多かったのではないでしょうか。日本人にはなかなか質問ができない人が多いようです。外国人に会話をリードされて、自分はそれに答えるだけだったり、英会話スクールに行っても、自分から質問することはほとんどなく、質問されるばかりではないでしょうか。あなたが答える一方では、相手はどんどん新しい質問を繰り出さねばならず、お互いに疲れてしまいます。これでは会話が続きません。

英会話の上達のコツはまず「自分から質問をすること」です。質問する側は会話の主導権を握れるので、自分の話したい方向に持っていくことができます。日本語で会話するのと同じように話が弾んでいくのです。

また、英会話はスクールの先生とだけやりとりするものではありません。SNSや英会話カフェ、インターナショナルパーティー、地域の市民センターの講座、旅先などで探してみれば、英語を話す外国人はたくさんいます。いろいろな相手と話していると、必然的にバラエティー豊かな質問ができるようになっていきます。

そう、楽しい会話ができるかどうかはあなたの「質問力」にかかっています。ぜひ、質問を自分から投げかけて、一方通行ではない「会話」を楽しんでいきましょう。

Useful Phrases

質問に便利なhow
――会話の幅を広げるために――

本書で多くのページを割いているとおり、特にhowは、質問に使うと会話の幅が広がりやすい、便利な単語です。How ～?の質問は「感情が伴う」ことが多いのです。日本語に置き換えて考えても、「どうだった？」や「どうやって？」という質問は、「どこに住んでいるのか」といった客観的事実を求める質問に比べて感情を引き出しやすいことがわかります。

「どのくらい～？」、「どうやって～？」という2つの基本の意味があるhowを極めれば、多岐にわたる質問ができるようになり、表現のバリエーションが広がります。本文で扱った以外の例をいくつか挙げておきましょう。

■ How come you know?（どうやって知ったの？）

You told me the CEO would retire. How come you know?

CEOが辞めるって言ってたよね。どうやって知ったの？

■ How do I *do*?（～はどうしたらいいですか？）

I can't unlock the door. How do I use this key?

ドアが開きません。このキーをどう使えばよいですか？

■ How can I get to ～?（～へはどのようにして行ったらよいですか？：移動手段を尋ねる）

The plane will arrive at 21:00. How can I get to the hotel?

飛行機は21:00の到着予定です。ホテルまでどのように行ったらよいですか？

■ How do you like ～?（～はいかがですか？：どの程度好きか、嫌いかを尋ねる）

It's been a year since you came to Osaka. How do you like the Kansai area?

あなたが大阪に来て1年になりますね。関西はどうですか？

■ How about *doing*?（～してはどうだろうか：提案する）

Your flight is at 16:30, isn't it? How about taking the 14:00 bus?

フライトは16:30ですよね？ 14:00のバスに乗ってはどうでしょう？

■ How long will it take?（どのくらいかかりますか？：期間）

I'd like to send this package to Japan. How long will it take?

この荷物を日本に送りたいのです。何日かかりますか？

日本語で考えてから
英語にしよう！　解答例

Pattern 1

1　Thank you. ＋1文

1. Thank you ＋いまの気持ちを言う

Thank you. I'm pleased.

ありがとう。うれしいです。

2. Thank you ＋相手を褒める

Thank you. You're nice.

ありがとう。あなたは親切ですね。

3. Thank you ＋どのように感謝したらよいかわからないと言う

Thank you. I don't know how to thank you.

ありがとう。何と感謝してよいかわかりません。

4. Thank you ＋相手にお礼がしたいと言う

Thank you. Let me buy you lunch next week.

ありがとう。来週、ランチをごちそうさせてください。

2　I'm sorry. ＋1文

1. I'm sorry. ＋反省の言葉を言う

I'm sorry. I'll be more careful in the future.

ごめんなさい。今後はもっと気をつけます。

2. I'm sorry. ＋許しを請う

I'm sorry. Please excuse the delay.

すみません。遅れたことを許してください。

3. I'm sorry. ＋どうしたらよいかわからないと言う

I'm sorry. What am I supposed to do?

ごめんなさい。どうしたらよいでしょうか？

4. I'm sorry. ＋事情を説明する

I'm sorry, but I'm not the right person to talk to.

すみません。しかし、私はこの件の担当ではありません。

3 To be honest, ＋１文 (言いづらいこと)

1. To be honest, ＋何かが嫌いだと言う

To be honest, I don't like spicy food.

正直に言うと、私は辛い物が好きではありません。

2. To be honest, ＋苦情を言う

To be honest, I was disappointed with the product.

正直に言うと、その製品にはがっかりしました。

3. To be honest, ＋正直な意見を言う

To be honest, I recommend the other candidate.

正直に言いますが、私はもうひとりの候補者を推します。

4. To be honest, ＋事情を率直に言う

To be honest, I don't like to leave my family.

正直言うと、家族を置いていきたくないんです。

4 You know what? ＋１文 (ポジティブなこと)

1. You know what? ＋自分のことを言う

You know what? I'm going to study abroad.

聞いてよ！　留学するんだ。

2. You know what? ＋特定の人・もののことを言う

You know what? The CEO is retiring.

知ってるかい、CEOが辞めるんだ。

3. You know what? ＋相手のことを言う

You know what? You were awarded the prize.

知ってますか、あなたが受賞者に選ばれました。

4. You know what?＋良いもの、知らせたいことを言う

You know what? That terrible machine will be replaced.

知ってるかい、あのひどい機械が交換されるよ。

5 Excuse me.＋1文

1. Excuse me.＋場所を尋ねる（1）

Excuse me. Where is the post office?

すみません。郵便局はどこですか？

2. Excuse me.＋場所を尋ねる（2）

Excuse me. Where is the lost and found office?

すみません。遺失物取扱所はどこですか？

3. Excuse me.＋もう帰る時刻だと言う

Excuse me, but it's time for me to go home.

すみませんが、もう帰る時刻なのです。

4. Excuse me.＋軽く依頼する

Excuse me. Will you keep an eye on my baggage for me?

すみません。荷物を見ていていただけますか？

6 Are you ～?＋1文

1. Are you ～?＋相手を誘う

Are you free now? Let's take a walk to the river.

いま時間ある？　川まで散歩しようよ。

2. Are you ～?＋相手に依頼する

Are you available in the afternoon? Could you give me a hand?

午後に時間はありますか？　手伝ってもらえませんか？

3. Are you ～?＋相手の体調を気遣う

Are you OK? You look pale.

大丈夫？　顔色が悪いよ。

4. Are you ～？＋相手の状況を気遣う

Are you all right? May I help you?

大丈夫？　手伝いましょうか？

7 If～＋1文

1. If ～,＋自分の予定を言う

If it's raining hard tomorrow, I'll read some books all day.

明日ひどく雨が降ったら、一日中本を読んでいるつもりだ。

2. If ～,＋相手を誘う

If you're not busy this coming Saturday, how about going to a concert?

今度の土曜日に忙しくないなら、コンサートに行かない？

3. If ～,＋相手の行動を促す

If you don't like the color, you can change it.

その色が好きじゃないなら、変更できますよ。

4. If ～,＋相手に依頼する

If you're available in the afternoon, I want you to help Tracy.

午後に時間があるなら、トレーシーを手伝ってあげてほしいんだ。

1 1文＋具体例 (such asを続ける)

1. 自分の好きなスポーツや音楽＋具体例

I like to go to famous cafés, such as Morning Tea and Rosy Restaurant.

モーニング・ティーやロージー・レストランなどの有名なカフェに行くのが好きです。

2. 自分のしたいこと＋具体例

I want to try to play ethnic instruments, such as the sitar and the quena.

シタールやケーナなどの民族楽器を演奏してみたいんだ。

3. 最近の体験＋具体例

I went to that new aquarium and saw some deep-sea fish, such as red snappers and sharks.

あの新しい水族館に行って、キンメダイやサメなどの深海魚を見たよ。

4. よく自分がしていること＋具体例

I often bake desserts such as pound cake and lemon pie.

パウンドケーキやレモンパイなどのお菓子をよく焼くの。

2 1文（感想）＋問いかけ（疑問文を続ける）

1. 食事の感想＋問いかけ

These pancakes taste great. What do you think of them?

このパンケーキはとてもおいしい。あなたはどう思う？

2. 映画・イベント等の感想＋問いかけ

That film was so funny. Did you see it?

あの映画はすごくおかしかった。もう見ましたか？

3. 相手について聞いたこと・思っていること＋問いかけ

I always envy you. Why do you have such good taste?

いつもうらやましいと思っているんだ。なぜそんなにセンスがいいの？

4. 特定の人・物事について思っていること＋問いかけ

I think he's intelligent. What do you think of him?

彼は頭がいいと思う。あなたはどう思う？

3 1文＋うんちくや追加情報

1. 近い予定＋追加して言いたいこと

I'm going to cycle to Yokohama tomorrow. I'm looking forward to seeing the sea.

明日横浜までサイクリングするんだ。海を見るのが楽しみだなぁ。

2. 最近の体験＋追加して言いたいこと

I went to a *yose* yesterday. I enjoyed the *rakugo* performances very much!

昨日、寄席に行ったんだ。落語をすっごく楽しんだよ！

3. 近況報告＋追加して言いたいこと

I've started cooking recently. I prepare boxed lunches for my wife and children.

最近、料理を始めたんだ。妻と子どもたちのために弁当を作っているのさ。

4. レストランや食事の感想＋追加して言いたいこと

The new café is nice. I like it a lot, so I eat lunch there every day.

あの新しいカフェはいいね。とても気に入って毎日ランチを食べているよ。

4 1文＋補足や言い換え (I mean, を続ける)

1. 最近の体験などの感想＋補足したいこと (1)

The experience of studying abroad was fantastic! I mean, I was able to be my real self.

留学体験は素晴らしかった！　というのも、ありのままの私でいられたんです。

2. 最近の体験などの感想＋補足したいこと (2)

I enjoyed the movie very much. I mean, the leading actress was great.

あの映画をすっごく楽しんだよ。というのも、主演女優が素晴らしかったんだ。

3. 自分のしたいこと＋補足したいこと

I want to be independent of my parents. I mean, I'm going to leave home.

両親から独立したい。つまり、家を出るつもりなんだ。

4. 相手に伝えたいこと＋補足したいこと

You're so fashionable. I mean, your clothes always match perfectly.

君は本当におしゃれだね。だって、服がいつも完璧にコーディネートされているよ。

5 1文＋アドバイス (You shouldを続ける)

1. 自分の習慣・行動＋相手に勧める

I think yoga is good for your health. You should try it.

ヨガは健康にいいと思うんだ。やってみてよ。

2. 最近の体験＋相手に勧める

I think that bestseller is terrific. You should read it.

あのベストセラーはすっごくいいと思う。読んでみてよ。

3. 近い将来のイベント＋相手に勧める

We're having a big event at Makuhari Messe soon. You should go and see it.

私たちはもうすぐ幕張メッセで大きな展示会を開きます。あなたも見に行ってください。

4. 特定の人・物事について思っていること＋相手に行動を促す

I think you'll get along well with Paola. You should talk with her.

パオラはあなたとよく気が合うと思う。話してみてください。

6 1文＋話題の転換 (By the way, を続ける)

1. いま終わった出来事の感想＋話題を転換する (1)

The CEO's speech was boring. By the way, why don't we go for coffee?

CEOのスピーチは退屈だった。ところで、コーヒーを飲みに行かない？

2. いま終わった出来事の感想＋話題を転換する (2)

The concert was great. By the way, aren't you thirsty?

素晴らしいコンサートだった。ところで、喉が渇かない？

3. 相手のことを言う＋話題を転換する (1)

I didn't know you were from Taiwan. By the way, do you know some good Chinese restaurants near here?

あなたが台湾出身とは知りませんでした。ところで、この辺でいい中華料理店を知らない？

4. 相手のことを言う＋話題を転換する (2)

I lived in your hometown in my twenties. By the way, we're having a party on Saturday. Why don't you come?

20代の頃、あなたの故郷の町に住んでいましたよ。ところで、土曜日にパーティーを開きます。いらっしゃいませんか？

7 1文＋少しだけ否定 (butでもっと良いものを付け加える)

1. 好きなもの・こと＋もっと好きなもの・こと

I like listening to classical music, but I like jazz better.

クラシックも好きだけど、ジャズはもっと好きなんだ。

2. 行きたいところ＋もっと行きたいところ

I want to visit Lake Towada, but I want to visit Lake Akan more.

十和田湖に行きたいけれど、阿寒湖にはもっと行きたいんだ。

3. 相手を褒める＋もっと良くなるアドバイス

I know you're doing a good job, but if you explain things more clearly, you'll be highly regarded.

君がよくやっているのはわかっているけれど、物事をもっとはっきりと説明すれば、もっと高く評価されるよ。

4. 共感・同意見・大事だと思うこと＋もっと良いと思うこと

Cost cutting is essential, but developing good products is more important.

コスト削減は大事だけれど、良い商品を開発するのはもっと大事だよ。

8 1文 (一般論や周囲の意見) ＋自分の意見へと展開 (butを続ける)

1. 特定の人・ものへの周囲の意見＋自分の意見

Some people say Toby is arrogant, but I think he's excellent at his job.

トビーが尊大だという人もいるけど、仕事はすごくできるよ。

2. 英語学習の一般論＋自分の意見

Some people say speaking English is difficult, but I don't think so.

英語を話すのが難しいという人もいますが、私はそうは思いません。

3. 日本人の一般論＋自分の意見

Many Japanese don't believe they're outgoing, but I think they are.

多くの日本人は自分が社交的だとは思っていませんが、私は皆、社交的だと思います。

4. 一般的な性質＋自分の性質

Some people don't like animals, but I love them.

動物が好きでない人もいるけれど、私は大好きです。

9 1文＋同時にしていること（whileを続ける）

1. 朝の準備＋同時にしていること

I wake up my children while brewing coffee every morning.

私は毎朝コーヒーを入れながら、子どもたちを起こします。

2. 電車内の行動＋同時にしていること

I listen to music while reading news on my smartphone on the train.

私は電車内で、スマホで音楽を聴きながらニュースを読みます。

3. お風呂での行動＋同時にしていること

I give myself a massage while taking a bath.

私はお風呂に入りながらマッサージをします。

4. テレビや音楽の視聴＋同時にしていること

I drink beer while watching TV at night.

夜にはテレビを見ながらビールを飲みます。

10 1文＋同じ表現を繰り返してもう1文

1. 感謝＋感謝

Thank you. I appreciate it.

ありがとうございます。感謝します。

2. 謝罪＋謝罪

I'm sorry. I feel bad about it.

ごめんなさい。そのことを本当に申し訳なく思っています。

3. 相手を褒める＋相手を褒める

You're wonderful. You're a brilliant person.

あなたって素晴らしい。あなたはとても優秀な人ね。

4. 好きなこと・していること＋好きなこと・していること

I like drawing. I love creating pictures.

私は絵を描くのが好き。絵画の制作が大好きなんです。

11 質問1文＋表現を変えた質問

1. 週末や休暇の行動を尋ねる＋何かを例に出して尋ねる

What do you do on weekends? Do you have any hobbies?

週末は何をしていますか？　趣味はありますか？

2. 好きなことを尋ねる＋何かを例に出して尋ねる

What kind of music do you like? How about J-pop?

どんな音楽が好きですか？　Jポップはどうですか？

3. 職業を尋ねる＋仕事について尋ねる

What do you do? What kind of company do you work at?

どんなことをしていますか？　どんな会社で働いているんですか？

4. 相手の体験を尋ねる＋そのうちどれが好きかを尋ねる

Have you ever been to any countries in Southeast Asia? Which was the best?

東南アジアの国に行ったことはありますか？　どの国が良かったですか？

12 1文＋感想（I'mを続ける）

1. 自分の行動・状況＋気持ち

I was chosen as the recipient. I'm delighted.

私が受賞者に選ばれました。とてもうれしいです。

2. 特定の人の行動・状況＋自分の気持ち

My mother left hospital. I feel relieved.

母が退院しました。ほっとしています。

3. 人から聞いた情報＋自分の気持ち

I heard your wife had a traffic accident. I'm surprised and very sad.

奥さんが交通事故に遭ったと聞きました。驚いており、とても悲しいです。

4. 出来事・周囲の状況＋自分の気持ち

It's getting colder. I'm glad I have some hand warmers.

寒くなってきた。カイロを持っていてよかった。

13 1文＋提案・誘い（Why don't we ～?で誘ってみる）

1. 時間を見計らう＋ランチ・お茶に誘う

It's past three. Why don't we go for some coffee?

３時を過ぎた。コーヒーを飲みに行かない？

2. 現在の状況＋何かに誘う（1）

The rain has stopped. Why don't we go out to eat?

雨が上がってるよ。外に食べにいかない？

3. 現在の状況＋何かに誘う（2）

The long project is finished at last. Why don't we go see a movie?

長いプロジェクトがついに終わった。映画を見に行かない？

4. 特定の人・物事＋関連する行動へと相手を誘う

I heard Aria will be promoted soon. Why don't we have a surprise party?

アリアがもうすぐ昇進するって聞いたんだ。サプライズパーティーを開かない？

14 1文＋結果（andを続ける）

1. 自分の体験＋結果

I took a math test this morning and I made a lot of mistakes.

今朝数学のテストがあって、たくさん間違えちゃったよ。

2. 自分の行動＋結果

I tried his sweets in the café and I was really happy with them.

彼のスイーツをあのカフェで食べて、とても満足したんだ。

3. 特定の人の体験＋結果

She was stung on her right arm by a bee and has been hospitalized.

彼女は右腕をハチに刺されて入院しているよ。

4. 特定の人の行動＋結果

A newcomer joined our team and everyone was pleased.

新人が私たちのチームに入ってきて、みんな喜んだ。

15 1文＋まとめ（In short, を続ける）

1. 自分の行動＋まとめ

I ate lunch at the new restaurant, but I didn't like the taste. In short, I'll never go there again.

新しいレストランでランチを食べたんだけど、味付けが好みじゃなかった。つまり、二度と行かないね。

2. 自分の報告＋まとめ

The market is steadily expanding. In short, we should enter into it.

市場は着実に拡大しています。つまり、当社はそこに参入すべきです。

3. 自分の意見＋まとめ

The performance of the product is better than that of the others. In short, I think we should introduce it.

その製品の性能は他のものよりも良い。つまり、私はそれを導入すべきだと考えます。

4. 周囲の状況＋まとめ

There were many things on the test that weren't in the textbook, and nobody got a high score. In short, it was very difficult.

テストでは教科書に載っていないことがたくさん出題されて、誰も高得点を取れなかった。つまり、とても難しかったんだ。

16 1文＋過去・未来について言う（When～を続ける）

1. いま、やっていること（仕事、学習、趣味など）＋過去のこと

I eat breakfast every day. When I was in elementary school, the principal told us to do so.

私は毎日朝食を取ります。小学生の時に、校長先生がそうするように言ったのです。

2. 何かの体験や感想＋過去のこと

I went to see Kaori in concert. When I was in my twenties, she was the most popular singer in Japan.

カオリのコンサートに行ったんだ。私が20代の頃、日本で一番人気の高い歌手だったんだよね。

3. 周囲にあるものの説明＋過去のこと

The church bell is ringing. When the big typhoon came ten years ago, it was damaged, but now it's been refurbished.

教会の鐘が鳴っている。10年前に大型台風が来た時に破損したけれど、今は再建されてるんだ。

4. 現在の状況＋未来のこと

Today is the first day of December. When the holiday season comes, I'm looking forward to decorating a Christmas tree.

今日から12月だ。ホリデーシーズンが来ると、クリスマスツリーを飾り付けるのが楽しみだなぁ。

17 1文＋時を尋ねる (When ～？で尋ねる)

1. 自分の状況＋時を尋ねる

I may have deleted the mail as I cannot find it. When does the presentation begin?

メールを削除してしまったらしく、見つからないんだ。いつプレゼンが始まるんだっけ？

2. 相手の様子＋時を尋ねる

I heard you were in Canberra. When did you come back to Japan?

キャンベラに行ってたんだよね。いつ日本に帰って来たの？

3. 電車やフライトのこと＋時を尋ねる

I have an important meeting this morning, but the trains have stopped running. When will they start moving again?

今日の午前中に重要な会議があるんだけど、電車が止まっている。いつ運転が再開されるんだろう？

4. 特定の人・物事＋時を尋ねる

Is she expecting? When is her baby due?

彼女、妊娠しているの。赤ん坊はいつ生まれるんだろう？

18 1文＋時の情報を伝える

1. 自分の状況・行動＋時の情報

I have to clean my room. My mother is coming this weekend.

部屋を掃除しないと。今週末に母が来るんだ。

2. 相手の状況・行動＋時の情報

The rose photos are beautiful! Did you go to the garden yesterday?

バラの写真がきれいね！　昨日バラ園に行ったの？

3. カレンダーを見て気づいたこと＋時の情報

Today is May 17. I gave birth to my daughter 15 years ago today.

今日は5月17日ですね。15年前の今日、娘を産みました。

4. 特定の人・物事＋時の情報

I bought a nice necklace. Tomorrow is my friend’s wedding.

素敵なネックレスを買ったの。明日は友達の結婚式だからね。

19 1文＋場所を尋ねる（Where～？で尋ねる）

1. 自分のしたいこと＋場所を尋ねる

I’d like to change some money. Where is the currency exchange?

お金を両替したいんです。両替所はどこですか？

2. 自分の状況＋場所を尋ねる

I may have a fever. Where is the thermometer?

熱があるかもしれない。体温計はどこ？

3. 相手の様子・状況＋場所を尋ねる

Your new glasses are great. Where did you get them?

君の新しい眼鏡、いいね。どこで買ったの？

4. 特定の人・物事＋場所を尋ねる

I don’t see the cats around our house these days. Where are they?

最近、家の周りでネコたちを見ないな。どこにいるんだろう？

20 1文＋場所情報を伝える

1. 自分の希望や体験＋場所情報

I’d like to visit Portovenere. It’s located on the Italian Riviera.

ポルトベーネレ港に行きたいのです。それはイタリアン・リビエラにあります。

2. 物事についての説明＋場所情報

A new city library has been completed. It was built near the station so that many people can use it.

新しい市民図書館が完成しました。駅のそばに建てられたので、多くの人々が利用できます。

3. 人・物事の紹介＋場所情報

This is our latest product. When it is placed on the water, it starts operating.

これが当社の最新製品です。水上に置くと作動し始めます。

4. 相手への説明＋場所情報

Are you going to the new aquarium? Walk down this street and turn right at the third traffic light.

新しい水族館に行くのですか？　この道を真っすぐ行って、3つ目の信号を右に曲がってください。

21 1文＋具体的な情報を尋ねる (What ～？で尋ねる)

1. 自分の状況＋具体的な情報を尋ねる (1)

I'm available now. What would you like me to do today?

いま手が空いています。今日は何をしたらよいですか？

2. 自分の状況＋具体的な情報を尋ねる (2)

I'd like to choose a present for Mother's Day. What would make my mother happy?

母の日のプレゼントを選びたいのです。母は何を喜ぶかなあ？

3. 周囲の状況＋具体的な情報を尋ねる

The alarm is ringing. What's wrong?

警報が鳴っている。どうしたんだろう？

4. 相手への意見＋具体的な情報を引き出す

Your report has too many careless mistakes in it. What made you make so many?

あなたの報告書にはケアレスミスが多すぎます。なぜこんなにたくさん間違えたのですか？

22 1文＋具体的な内容を伝える

1. 自分や周囲の行動や状況＋具体的な内容

I jog every morning these days. I run along a river and I feel refreshed.

最近、毎朝ジョギングをしています。川に沿って走ると爽快な気分です。

2. 人・物事の説明＋具体的な内容

I bought a new laptop computer. It's light and I can take it with me anywhere.

新しいノートパソコンを買いました。軽いので、どこにでも持っていくことができます。

3. 相手を誘う＋具体的な内容を伝える

Let's have dinner this Saturday. I feel like trying Spanish cuisine.

今度の土曜日に一緒に夕食を取ろうよ。スペイン料理を試してみたいなあ。

4. いまの問題＋具体的な内容

The window doesn't open smoothly. I think something may be caught in it.

窓がスムーズに開きません。何かがはさまっているのかもしれないと思います。

23 1文＋「誰が［を］」と尋ねる (Who ～？で尋ねる)

1. 会社の動き＋「誰が［を］」と尋ねる (1)

The manager seems to have been replaced. Who is her successor?

マネジャーが交代になったらしい。誰が引き継いでいるんだろう？

2. 会社の動き＋「誰が［を］」と尋ねる (2)

I heard that a big new project will be launched. Who are the team members?

新しい大型プロジェクトが立ち上がるって聞いたんだ。チームメンバーは誰だろう？

3. 歴史や作品＋「誰が［を］」と尋ねる

That is a painting of a famous battle. Who painted it?

あれは有名な戦争の絵だよね。誰が描いたんだっけ？

4. 映画・イベントなど＋「誰が［を］」と尋ねる

The musical event is coming soon. Who will appear on the stage?

あの音楽イベントがもうすぐだね。誰がステージに登場するんだろう？

24 1文＋「誰が［を］」の情報を伝える

1. 会社の動き＋「誰が［を］」の情報（1）

It seems the company will open a branch in Morioka. I heard that Takashi will be transferred to the office.

会社が盛岡に支社を開設するようだ。タカシが異動になるって聞いたよ。

2. 会社の動き＋「誰が［を］」の情報（2）

Our company will be relocated to Singapore next year. The new CEO made the decision.

うちの会社は来年、シンガポールに移転するんだ。新しいCEOが決めたのさ。

3. 歴史の説明＋「誰が［を］」の情報

This is the town mentioned in a famous travel journal. Matsuo Basho stayed there.

ここは、有名な紀行文に出てくる町なんだ。松尾芭蕉がそこに滞在したんだよ。

4. 映画・イベント等のこと＋「誰が［を］」の情報

I went to a movie last night. Surprisingly, Ruby appeared as a bit character in it.

ゆうべ映画に行ったんだ。驚いたことに、ルビーがちょい役で出ていたんだ。

25 1文＋理由・原因を尋ねる（Why～？で尋ねる）

1. 特定の人の言動＋理由を尋ねる

My mother seemed to be upset last night. Why was she angry?

母は昨夜、腹を立てているようだった。なぜ怒っていたんだろう？

2. 相手について聞いたこと＋理由を尋ねる

I heard you changed jobs. Why did you do so?

転職したと聞きました。なぜそうしたんですか？

3. 相手の作品や成果物のこと＋理由を尋ねる

Your presentation was excellent. Why are you so good at making speeches?

あなたのプレゼンは素晴らしかった。なぜあんなに話が上手なのですか？

4. タレントや有名人のこと＋理由を尋ねる

Professor Hayakawa often appears on TV these days. Why does he have high acceptance among the younger generation?

ハヤカワ教授は最近よくテレビに出るね。なぜ若い世代に人気があるんだろう？

26 1文＋理由を伝える (becauseを続ける)

1. 自分の好きなもの・こと＋理由

I like aquariums because seeing fish makes me relax.

私は水族館が好きです。魚を眺めているとリラックスするからです。

2. 自分の行きたいところ＋理由

I want to go to Paris because I want to work in the fashion industry in the future.

パリに行きたいのです。将来ファッション業界で働きたいからです。

3. 自分のしたいこと＋理由

I want to try to climb K2 because it is the second-highest mountain in the world.

K2に登ってみたいのです。世界で２番目に高い山だからです。

4. 自分がいまやっていること＋理由

I go to night classes every week because I want to study psychology at university next year.

私は毎週、夜間講座に通っています。来年、大学で心理学が勉強したいからです。

27 1文＋「どのくらい」と尋ねる (How＋【形容詞／副詞】～？で尋ねる)

1. 自分のしたいこと＋「どのくらい」と尋ねる

I'd like to run in the Honolulu Marathon. How fast do I need to run to qualify for the race?

ホノルルマラソンで走りたいんです。あのレースに出場するにはどのくらい速く走ればよいのでしょう？

2. 相手や相手の家族のこと＋「どのくらい」と尋ねる

Your brother was a swimmer in the National Athletic Meet. How fast can he swim?

君のお兄さんは国体の水泳選手だったんだよね。どのくらい速く泳げるの？

3. 相手の製品・作品のこと＋金額を尋ねる

Your product seems better than those offered by other companies. How much is it?

おたくの製品は他社のより良さそうです。おいくらですか？

4. 相手の状況・様子＋「どのくらい」と尋ねる

You've been in the office a lot recently. How busy are you?

最近よくオフィスにいるね。どのくらい忙しいの？

28 1文＋「どのくらい」の情報を伝える

1. 天気・天候＋具体的な数量・程度

There was a lot of snow. The weather report said it was the heaviest snowfall that we've had in ten years.

すごい雪だったね。気象情報によると、10年ぶりの大雪だそうだよ。

2. 自分や周囲の状況＋具体的な数量・程度

The shop is being refurbished now. It will reopen next month.

当店はただいま改装中です。来月再オープンの予定です。

3. 場所の説明＋具体的な数量・程度

The stadium is quite far from here. It will take you about 30 minutes on foot.

競技場はここからかなり遠いですよ。歩くと30分くらいかかります。

4. 映画・イベントの感想＋具体的な数量・程度

The international rose show is great. It has about 500 kinds of roses and over 10,000 in total.

国際バラ展はすごいよ。約500種、計1万を超えるバラがあるんだ。

29 1文＋「どうやって」と尋ねる (How ～？で尋ねる)

1. 相手の状況・様子＋手段を尋ねる

You forgot the key to the hall. How did you open the door?

ホールの鍵を忘れたんですよね。どうやってドアを開けたんですか？

2. 相手を褒める＋方法を尋ねる

Your speeches are always great. How do you practice?

あなたのスピーチはいつも素晴らしい。どうやって練習しているのですか？

3. 自分の気持ちや行動＋相手はどうなのかを尋ねる

I'm into playing the piano these days. How do you spend your free time?

この頃ピアノの演奏に夢中です。あなたは空き時間に何をして過ごしていますか？

4. 自分の気持ちや行動＋相手に意見を求める

I've been studying English hard, but I'm not good at speaking it. How can I improve my speaking skills?

一生懸命英語を勉強してきたんですけど、話すのがうまくありません。どうやったらスピーキングスキルが上達するでしょうか？

30 1文＋効果・方法・解決策について話す

1. 相手への提案＋具体的な効果・方法

I recommend this book. It's the best way to learn how to speak English.

この本を薦めるよ。英語の話し方を学ぶ一番良い方法だ。

2. 人から聞いた情報＋具体的な効果・方法

My doctor told me how to stay healthy. Make sure to get enough sleep.

かかりつけの医師が健康を保つ方法を教えてくれた。絶対に十分な睡眠を取らなくちゃだめなんだ。

3. 現在の問題＋具体的な解決策（1）

Your reports have too many mistakes in them. You should be careful on a day-to-day basis.

君の報告書には間違いが多すぎる。日ごろから注意深くあるべきだ。

4. 現在の問題＋具体的な解決策 (2)

Many people don't get enough exercise. They should do light exercise every day, such as radio calisthenics.

多くの人が運動不足です。毎日、ラジオ体操のような軽い運動をするべきです。

31 1文＋様子を尋ねる (How ～？で尋ねる)

1. 相手の状況＋様子を尋ねる (1)

You look well and younger, too. How was your vacation?

君は元気そうだし、若返ったね。休暇はどうだった？

2. 相手の状況＋様子を尋ねる (2)

Your family is in Thailand. How are they?

ご家族がタイにいらっしゃるんですよね。お元気ですか？

3. 世の中の状況＋相手の様子を尋ねる

I think this confused situation will soon return to normal. How is your company doing?

この混乱した状況はまもなく平常に戻ると思います。あなたの会社はどうですか？

4. 相手へのあいさつ＋様子を尋ねる

I haven't seen you for a long time. How have you been?

久しぶりだね。どうしてた？

32 1文＋様子を伝える

1. 自分の行動・状況＋様子 (1)

I went to Milan on vacation. The atmosphere in the Cathedral was so solemn that I couldn't speak.

休暇でミラノに行ったんだ。大聖堂の雰囲気が荘厳すぎて言葉にならなかったよ。

2. 自分の行動・状況＋様子 (2)

I've begun learning to play the cello. It helps me to get rid of my stress.

チェロを習い始めました。チェロを弾いていると、ストレスが解消します。

3. 世の中の状況＋様子

Social unrest is becoming widespread. I wish the day would come soon when people could live in peace.

社会不安が広がっている。人々が安心して暮らせる日が早くくるといいなぁ。

4. 特定の人・物事の状況＋様子

I met Selina last weekend. She was thinner, but still looked good.

先週末、セリーナに会ったんだ。痩せたけど元気そうだった。

33 1文＋対比 (In comparison withを続ける)

1. 物事の様子＋別の物事との対比

My daughter is good at cooking. In comparison with hers, my cooking skills are poor.

娘は料理が上手です。彼女と比べると、私の料理の腕はお粗末なものです。

2. 特定の人に対する感想＋別の人との対比

Our CEO has excellent speaking skills. In comparison with his speeches, those by other CEOs are hard to listen to.

うちのCEOには素晴らしい演説の能力があるね。彼のスピーチに比べると、他社のCEOの話なんて聞いていられないよ。

3. 客観的な事実＋別の物事との対比 (1)

Narita Airport is far from the center of Tokyo. In comparison with it, Haneda is very convenient.

成田空港は東京の中心から遠い。それに比べて、羽田は便利だ。

4. 客観的な事実＋別の物事との対比 (2)

The Russian language is challenging for Japanese people. In comparison with Russian, English is easy to learn.

ロシア語は日本人にとって難しい。ロシア語に比べると、英語は簡単に習得できる。

あとがき
──ゴールは「英語を」ではなく「英語で」──

英語を「2文1セット」で話すワークがすべて終わりました。いかがでしたか？　思いのほか苦戦した人もいたかもしれませんが、「日本語で考える」→「英語にする」のステップを踏むやり方を着実に身につけていけば、スピードはあとからついてくるものです。

しかし、英語学習を単なる語学学習で終わらせてはいけません。言語はあくまでも文化や歴史とともに存在するコミュニケーションのツールです。言語そのものを学ぶことは、言語学者にならない限り必要ありません。大学に進学する前の高校生によく言うのですが、「英語を学びたい」という気持ちが先行して、「その後に何をしたいのか」が見えていないようでは駄目なのです。

言語の学習には、永遠に終わりはありません。捉えどころのない言語の世界に情熱を傾け続けるのは至難の業です。意欲が削がれ、いつしか学ぶのをやめてしまいがちです。

大切なのは、言語を学び、それを使ってどうしたいのかということです。英語で会話したい、英語ができるようになりたいと思う人は多いのですが、どんな話をしたいのか、できるようになって何をしたいのかがはっきり見えている人が少ないのが実状です。ゴールがぼやけているから、いまやるべきこともあいまいになってしまいます。その結果、いろいろな学習法に手を出しては失敗し、自己嫌悪に陥ります。

私の場合には節目節目で、英語力アップを頑張ろうと思えるモチベーションがありました。高校生の頃は大学進学のために、大学生の頃は人々に届くような言葉選びや話す力の向上のために、さらにはわかりやすく教えるための言語分析のために、外国人に日本語を教える時に使う表現方法の習得のために、スピーチやプレゼンテーションで使うフレーズを学ぶために、など明確に目標がありました。

正直言って、私もそのようなゴールがなければ英語を学ぼうと思いませんでしたし、何をしていいのかわからなかったはずです。私が洋画を字幕なしで見たいと思った時にどうしたか。見たい映画を抽出し、そのシリーズやそれと同じような内容を扱っている作品を見て、とにかくその映画を極めるところまでやるようにしました。
時々、「洋画や洋楽を英語のまま理解したい」や「海外旅行で困らない程度の英語力を身につけたい」といった要望を聞きますが、それでは範囲が広すぎます。何をどうやって勉強したらいいのかわからないのは当然です。「このジャンルの洋楽を聴きたい」、「この洋画を理解したい」、「旅行先でホテルの人とのやりとりを上手にできるようになりたい」、「レストランや空港でのやりとりを効率よくできるようになりたい」など、目標を細分化して、それをひとつずつこなしていくべきなのです。
「英語の先生になりたい」のなら、文法の知識や構文を普通以上に分析していく必要がありますし、「とにかくコミュニケーションをとりたい」のであれば、ある程度ブロークンでも実践を優先し、「歌が歌えるようになりたい」のなら発音にこだわっていくのもいいでしょう。英語とひとくちに言っても、目標によって学び方が大きく変わります。「全部できるようになりたい」という人もいますが、それでは目標として粗雑すぎて、何をすべきかが不明瞭になります。目標をブレークダウンし、優先順位をつけてひとつずつ学んでいくと効果的です。
がむしゃらに努力することはかえって遠回りです。「なぜ英語を学ぶ必要があるのか」を自分に問いかけ、それが「〜したい」という願望だけではなく、「〜しなければ生きている意味がない」くらいのモチベーションがあると、いっそう早いスピードで伸びていくことでしょう。
周りを見ていると、「英語ができたらいいな〜」、「英語ができたらかっこいいな〜」くらいのモチベーションで、「なんとなく英語を勉強している」人が多いようです。しかし、残念ながら言語学習はそれほど簡単なものではないので、そういう人たちはすぐに挫折してしまいます。改めて「なぜ英語を学ぶのか」をしっかり認識しましょう。
英語が話せないから「何もしない」、「失敗するのが怖い」、「恥ずかしい」と言う人がいます。しかし、英語を話せないからといって、何もせずにじっとしていることが一番の失敗であり、恥ずかしいことです。
本当にできるようになりたいのなら、本書で紹介した2文1セットの方法を使って、学んだことをすぐにアウトプットすることです。一緒に頑張れる仲間や先生がいればなおやりやすいでしょう。ひとりで頑張りすぎず、学習環境を整えて着実に一歩ずつ進んでいきましょう。

英会話はすべて2文でつながる

2020年9月4日　第1刷発行

著　者　佐藤 圭

発行者　浦 晋亮

発行所　IBCパブリッシング株式会社
〒162-0804 東京都新宿区中里町29番3号 菱秀神楽坂ビル9F
Tel. 03-3513-4511 Fax. 03-3513-4512
www.ibcpub.co.jp

印刷所　株式会社シナノパブリッシングプレス

ISBN978-4-7946-0630-3